ENGELE

GÄRTNERN FÜR EINSTEIGER

SCHRITT FÜR SCHRITT

KOSMOS

INHALT

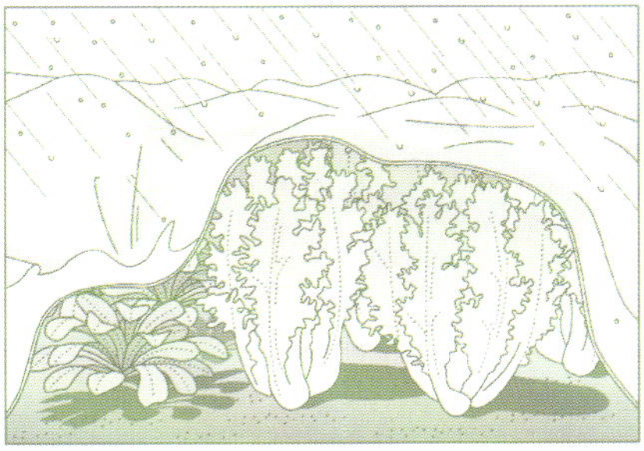

Ihr Einstieg in das Thema Garten – das ist zugleich der Einstieg in eine faszinierende Lebenswelt. Unmittelbarer als im eigenen Garten lässt sich Natur nicht erleben. Persönlicher als im Garten lässt sich das Leben im Grünen nicht gestalten. Und frischer als vom eigenen Beet lassen sich Naschobst, Kräuter und Gemüse nicht genießen. Inzwischen ist sogar bewiesen, wie sehr das kreative Arbeiten im Garten – ebenso wie dessen körperliche Herausforderung – Menschen näher zu sich selbst finden lässt.

Planen und vorbereiten

PLANUNG auf dem Papier

Gartenschauen und Regionalmessen bieten oft interessante Anregungen.

Ja, es gibt ihn, den eigenen Traumgarten. Und er beginnt mit der Lust am eigenen Garten, mit dem Wunsch nach Stauden, Rosen, Obst und Gemüse, dem eigenen Hausbaum, einem plätschernden Wassergarten – oder was auch immer Ihre persönlichen Vorstellungen prägt. Gärten zu errichten, das kostet ebenso, wie Gebäude zu errichten oder zu renovieren. Als Anhaltspunkt für eine komplette Gartenerstellung rechnet man als Faustzahl etwa 10 Prozent der Bausumme. In der Praxis wird aber gerade gegen Bauende der Etat knapper. Macht aber nichts, denn der Traumgarten kann ebenso gut in Etappen umgesetzt werden. In jedem Fall ist zu Beginn jedoch der eigene Gartentraum wichtig.

UTENSILIEN

Stifte

Lineal

Notizblock

1 DEN TRAUMGARTEN TRÄUMEN

Sammeln Sie, was in Ihrem künftigen Garten stattfinden soll (z. B. Wohnen, Feiern, Spielen, Tierhaltung), welche Gartenelemente enthalten sein sollen (z. B. Gemüsegarten, Wassergarten), welche Lieblingspflanzen dort wachsen sollen, welche Farben Sie wiederfinden möchten.

2 ANDERE GÄRTEN ANSCHAUEN

Schauen Sie sich mit den ersten Ideen im Kopf ein paar andere Gärten an: Wie ist das eine oder andere dort umgesetzt worden? Was würden Sie so oder so ähnlich machen, was auf alle Fälle anders? Solche Anregungen können Sie sich auch in Gesprächen mit Freunden holen.

3 SICH INSPIRIEREN LASSEN

Anregungen und Ideen finden Sie in Zeitschriften und Büchern. Lifestylemagazine, Garten- und Wohnzeitschriften helfen ebenso bei der Geschmacksfindung wie Gartenbücher, die sich mit Gestaltungsfragen beschäftigen. Es werden oftmals die Hersteller der Gartendetails genannt.

4 IDEEN ÜBERPRÜFEN

Sobald sich ein Bild vor Ihrem geistigen Auge entwickelt, folgt der erste Praxisschritt. Überprüfen Sie am Grundstück vor Ort, ob sich die Ideen wunschgemäß umsetzen lassen: Sind Terrasse und Gemüsegarten groß genug, welche Elektro- und Wasserleitungen müssen gelegt werden etc.?

5 MIT EINER SKIZZE STARTEN

Halten Ihre Ideen den Überprüfungen vor Ort stand, so skizzieren Sie diese auf einem Grundstücksplan (Maßstab 1:50). Hier geht es nicht um architektonische Exaktheit, sondern darum, einen maßstabgerechten Überblick zu bekommen. Prüfen Sie nochmals Blickachsen oder Praktikabilität.

6 EINEN FACHMANN HINZUZIEHEN

Mit dem vorangegangenen Schritt ist Ihre Meinungsfindung beendet. Sie sollten nun einen Garten- und Landschaftsgärtner hinzuziehen, der Ihre Vorarbeit aufnehmen und umsetzen kann. Wollen Sie von Anfang an eigene Planung umgehen, konsultieren Sie einen Gartenarchitekten.

GERÄTE, die Sie wirklich brauchen

Gartengeräte sollten solide gebaut, aber möglichst leicht im Gewicht sein.

Legen Sie sich nur die Gerätschaften zu, die Sie sicher benötigen oder die Ihnen wirklich eine Erleichterung bedeuten. Maßgabe ist, wie häufig Sie ein Gerät voraussichtlich benötigen werden. Beispiel: Eine Billigschere kann ausreichen, bei häufiger Anwendung erleichtert aber ein Profigerät die Arbeit: So gibt es Linkshänderscheren und solche mit Rollgriff, was Kraft erspart und Blasen verhindern hilft. Geräte müssen nicht extra gekauft werden, wenn sie kaum gebraucht werden und Sie sich dann anderweitig behelfen können. Wenige Blumenzwiebeln können statt mit dem Zwiebelpflanzer ebenso gut mit einer Pflanzkelle oder dem Spaten gesetzt werden. Sparen Sie an der richtigen Stelle. Zögern Sie andererseits nicht, in Qualitätsgeräte zu investieren.

AUSWAHL

Zwiebelsetzer

Gartenschere

Grabegabel

1 ARBEITSBEREICHE CHECKEN

Checken Sie Ihre Gartenbereiche und die darin zu verrichtenden Arbeiten. Profigeräte brauchen Sie nur für intensive Arbeiten. Für gelegentliches Werkeln im Garten reichen in der Regel Stecksysteme aus, bei denen Sie einen Stiel für verschiedene Geräte verwenden können.

2 CHECK 1: BODEN BEARBEITEN

Sollen Beetflächen umgegraben werden, so wird ein Spaten benötigt; für sehr lehmige Böden ist eine Grabegabel vorteilhaft. Soll der Boden nur aufgerissen werden, nehmen Sie einen Sauzahn. Zur Bodenlockerung dienen Grubber oder Dreizack, zum Unkrauthacken eine Bügelhacke.

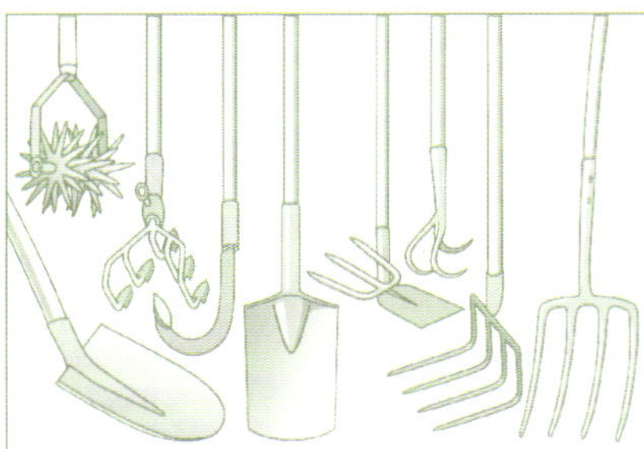

3 CHECK 2: SCHNEIDEARBEITEN

Eine Bügelsäge benötigen Sie zum Schneiden von Gehölzen – ihr Sägeblatt sollte nachspannbar und drehbar sein. Eine Astschere mit Amboss erleichtert den Schnitt von Sträuchern. Gute Gartenscheren sind zerlegbar und es gibt für sie Ersatzteile. Nicht vergessen: ein Gartenmesser.

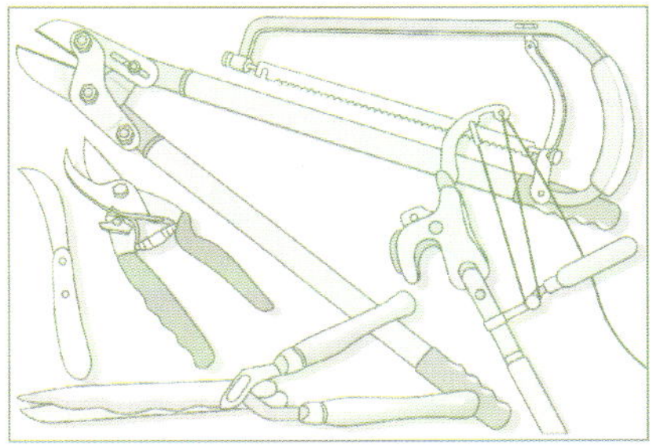

4 CHECK 3: LEITERN UND HILFSGERÄTE

Achten Sie bei Leitern auf die Sicherheitszertifizierung und bedenken Sie, dass Sie große Leitern lagern können müssen. Eine Gießkanne wird immer wieder einmal gebraucht, ein Qualitätsgartenschlauch erleichtert häufiges Gießen. Einige kleinere Handgeräte sind ebenfalls nützlich.

5 CHECK 4: MOTORGERÄTE

Ob Motor- oder Handgerät, das hängt vom Arbeitsumfang ab: 100–150 m^2 Rasen sind mit einem Handmäher zu bewältigen, ebenso eine Hecke von 20 m Länge und 1 m Höhe. Motorgeräte nur so groß wie nötig dimensionieren, an Ohren- und Augenschutz, Stahlkappenschuhe etc. denken.

6 CHECK 5: QUALITÄT UND PREIS

Qualität und Preis bedingen sich. So verwundert es nicht, dass z. B. eine zerlegbare Schere aus leichtgewichtigem Aluminiumguss mit geschmiedeten Stahlschneiden teurer sein muss als ein einfaches Gerät. Und ein aus Stahl geschmiedeter Spaten ebenso im Vergleich zu weniger aufwendigem Gerät.

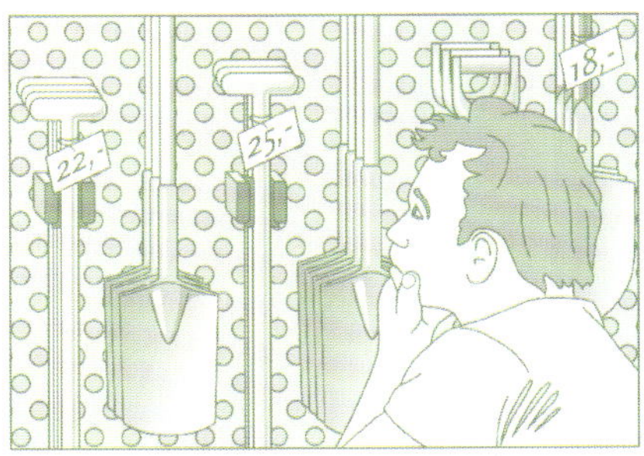

7 ÜBERSICHTLICH AUFBEWAHREN

Um Gartengeräte stets zur Hand zu haben, ist ein übersichtliches Aufhängesystem von Vorteil. Und auch wenn Sie nach der Gartenarbeit schon müde sind, sollten Sie Geräte nach Gebrauch reinigen. Vor dem Winter empfiehlt sich deren Generalüberholung und das Einfetten der Metallteile.

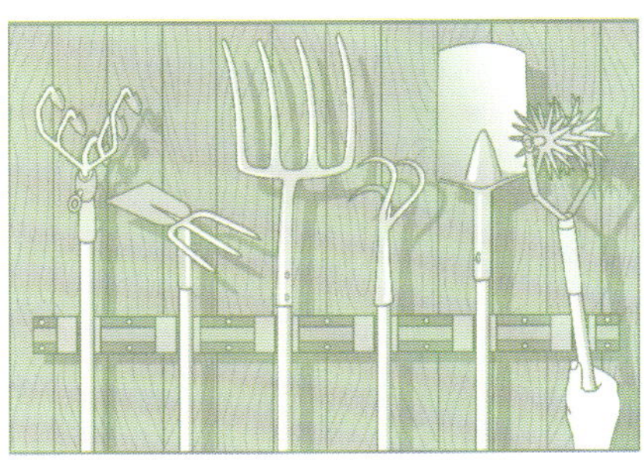

GARTEN-GELÄNDE herrichten

Pflegen Sie heimliche Helfer im Boden wie Regenwürmer durch Humusgaben.

Den Gartenboden richtig vorzubereiten, ist eine Kunst für sich. Denn es geht um mehr, als nur Mutterboden auf die Baustelle zu fahren. Schließlich ist der Boden der Platz, an dem Ihre Pflanzen gedeihen müssen – oder es eben nicht tun, wenn ihnen der Boden nicht zusagt. Dort, wo auf der Baustelle Erdhaufen gelagert wurden, dort, wo Baumaschinen längere Zeit gestanden haben, und dort, wo Baustellenfahrzeuge gefahren sind, – überall dort ist mit Bodenverdichtungen zu rechnen, die den Pflanzen das Durchwurzeln erschweren, wenn nicht sogar unmöglich machen. Und selbstredend: Baureste wie Schutt, Zementreste, ausgelaufene Bauchemiekalien etc. müssen sorgfältig entfernt werden.

WERKZEUGE

Spaten

Holzrechen

Schubkarre

1 TIEFGRÜNDIG LOCKERN!

Bodenverdichtungen erkennt man an stehen bleibenden Wasserpfützen, an typischen Unkräutern wie Kamille oder Breitblättrigem Wegerich. Lockern Sie Bodenverdichtungen so tief wie eben möglich. Lassen Sie gegebenenfalls einen Bauunternehmer den Boden mit einer Planierraupe tiefgründig aufreißen.

2 UNRAT UND UNKRAUT ENTFERNEN

Der Boden wird nun von groben Verunreinigungen, von hinderlichen Steinen und von Wurzelunkräutern gereinigt. Gemeint sind Pflanzen wie Löwenzahn, Quecke, Sauerampfer oder Acker- und Zaunwinde. Entfernen Sie deren Wurzelstücke stets besonders sorgfältig, sie treiben sonst leicht wieder durch.

3 DAS BODENPROFIL MODELLIEREN

Anschließend wird dem Gartenboden sein Höhenprofil gegeben: Abgrenzende Böschungen werden aufgeworfen, Beete in ihren Höhen modelliert, damit sie lebhafter wirken als rein ebene Beete. Wo Boden abgetragen werden muss, etwa für Wegführungen, geschieht das nun auch.

4 FLÄCHEN EINTEILEN

Modellierung und Flächeneinteilung gehen ineinander über. Dort, wo die Flächenabgrenzungen nach der Modellierung noch nötig sind (z. B. Staudenbeet zum Gemüsegarten, zum Kräutergarten und zum Rasen), werden mit einem Spaten die Abgrenzungen im Boden durch eine Rille angelegt.

5 FEINPLANUM ERSTELLEN

Die grob vorbereiteten Beetflächen werden abschließend mit einem Grubber tief gelockert und danach mit einer groben Harke glatt gezogen. Steine und Unkraut nochmals sorgfältig entfernen. Nach dem Harken ist das sogenannte Feinplanum entstanden, auf dem gepflanzt und gesät werden kann.

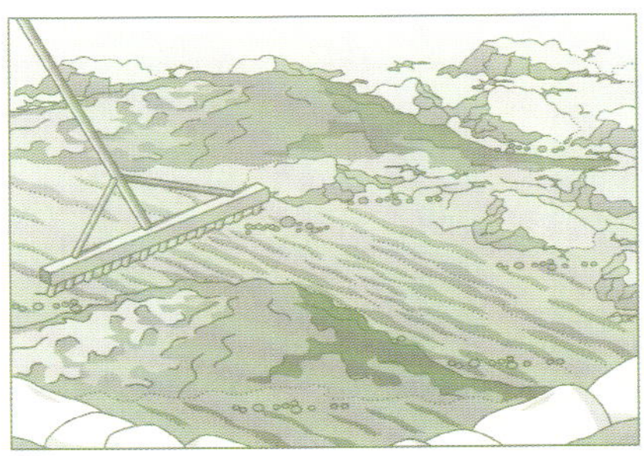

6 GUTES FÜR DEN BODEN

Gründüngung nennt man die Einsaat einer Fläche mit Pflanzen, die später als Humusdünger eingearbeitet werden. Das hilft, den Boden zu verbessern und ihn nochmals zu lockern. Sie verzögert zwar die Bepflanzung um ein halbes Jahr, ist aber empfehlenswert. Saatgut z. B. von Phacelia gibt's im Fachhandel.

Gartengestaltung und Gartengenuss – diese beiden Begriffe gehen Hand in Hand. Denn nur ein Garten, in dem die Gestaltung zwischen optischen Reizen und praktischen Anforderungen vermittelt wird, verschafft wirklichen Genuss. Vertiefte Pflanzenkenntnis, die Abstimmung vielfältiger Nutzenaspekte, fachgerechtes Bauen und damit zugleich Sicherheits- und rechtliche Aspekte lassen einen betreuenden Fachmann anraten: einen Gartenplaner. Dieser kann Ihre „Frei-Räume" gestalten, damit Sie Ihren Garten ganz und gar mit persönlicher Note nutzen können.

Gestalten und anlegen

STAUDENBEETE gestalten

In bunten Beeten sorgen die Farben Weiß und Grün für harmonische Ruhe.

Zu den lebhaftesten Gartenbereichen gehören die Staudenbeete. Da z. B. Beetstauden vergleichsweise schnell wachsen, gibt es wöchentlich Neues zu entdecken. Welche Stauden wohin in den Garten gehören und vor allem miteinander wachsen können, finden Sie in Staudenbüchern oder in guten Katalogen als sogenannte Lebensbereiche der Stauden ausgewiesen.

Staudenbeete wirken dann besonders attraktiv, wenn Sie bei deren Gestaltung all die Dinge miteinander abstimmen, die später im Beet den optischen Eindruck prägen werden. Blütenform und -farbe, Blattform und -farbe, Blühzeitpunkt und Wuchshöhe. Wer mag, kann die Stauden mit Gräsern, Blumenzwiebeln oder Gehölzen kombinieren.

ZUBEHÖR

Farbkreis

Chrysantheme

Taglilie

1 LEBENSBEREICHE FESTLEGEN

Stauden haben im Garten ihre Lieblingsplätze. Ob sonnig oder schattig, ob trocken oder feucht – für alle Wuchssituationen gibt es Spezialisten, die gerade dort wachsen möchten. Checken Sie, ob Sie einen Teichrand, eine Staudenrabatte oder einen Steingarten bepflanzen möchten.

2 LIEBLINGSSTAUDEN AUSSUCHEN

In Staudenkatalogen finden Sie die Pflanzen den Lebensbereichen zugeordnet, in denen sie bevorzugt wachsen. Nach Ihrem Gartencheck können Sie nun leicht aus der passenden Kategorie (z. B. Gehölzrand, Beetflächen oder Mauerfugen) die Liste Ihrer Lieblingsstauden auswählen.

3 DIE PFLANZEN GRUPPIEREN

Im nächsten Schritt legen Sie eine kleine Tabelle an. Tragen Sie in die Übersicht ein, wann Ihre Stauden blühen, in welcher Farbe sie das tun, wie hoch sie wachsen werden und letztlich, ob sie einzeln für sich, in kleinen Gruppen oder aber zu vielen und damit flächig gepflanzt werden.

4 FRÜHJAHRSBLÜHER NACH HINTEN

Skizzieren Sie Ihr Beet und tragen Sie alle im Frühjahr blühenden Stauden im Hintergrund ein. Diese schießen nämlich als Erstes in die Höhe, sind hinten im Beet gut zu erkennen, werden aber nach dem Verblühen von den vorne stehenden Sommerblühern verdeckt.

5 HERBSTBLÜHER VORNE EINPLANEN

In die Beetmitte werden folglich die Sommerstauden platziert, zum vorderen Beetabschluss und an den Seitenausläufern setzt man die Herbstblüher. Ein Staudenbeet „wandert im Laufe des Jahres auf seinen Betrachter zu“. Beachten Sie stets, wie breit die Pflanzen werden.

6 FARBVERTEILUNG PRÜFEN

Inzwischen haben sich in Ihrem Staudenbeet „Nachbarschaften“ ergeben. Überprüfen Sie jetzt die zueinander passenden Blühzeitpunkte und Blütenfarben. Das ganze Beet sollte gleichmäßig in Blüte stehen. Es sollten keine nicht blühenden Inseln entstehen – weder über das Beet, noch über das Jahr verteilt.

7 HÖHENSTAFFELUNG FESTLEGEN

Die ausgewachsenen Stauden sollten dem Beet eine wellenförmige Oberfläche geben: Hintergrund und Mitte des Beetes sollten dabei die Seiten und den vorderen Bereich überragen. Kleinere und mittelhohe, mittelhohe und größere Stauden sollten einander abwechseln.

STAUDENBEETE anlegen

Eine Gründüngung vorab (z. B. mit Tagetes) hilft, den Boden zu verbessern.

Sind die Planungen für das Staudenbeet abgeschlossen, geht es an die praktische Umsetzung: Die besten Zeiten zur Pflanzung sind der zeitige Herbst und das spätere Frühjahr. Sprechen Sie mit Ihrem Gärtner, wann er Ihre Staudenbestellung bereitstellen kann. Der tiefgründig gelockerte Boden des Beetes wird zunächst mit Gestaltungselementen und allen benötigten Leitungen (automatische Bewässerung, Erdkabel) und größeren Dekoelementen (z. B. Gartenfiguren) versehen. Verdichtungen des Bodens, die dabei entstehen, werden mit einem Grubber gelockert. Danach wird das Beet glatt geharkt. Gut, wenn über dem vorbereiteten Boden bis zur Bepflanzung noch ein Regenschauer niedergeht, damit sich die Erde „setzt".

ZUBEHÖR

Staude

Schlauch

Pflanzschnur

1 STAUDEN RECHTZEITIG BESTELLEN

Bestellen Sie die gewünschten Stauden rechtzeitig bei Ihrem Gärtner. Denn gerade bei Staudenbeeten, die „aus einem Guss" geplant sind, muss eines zum anderen passen. Werden Stauden stattdessen zu spontan gekauft, können einige benötigte Pflanzen gerade vergriffen sein.

2 GESTALTUNGSELEMENTE EINBAUEN

Noch vor dem Pflanzen müssen alle Einbauarbeiten für größere Gestaltungselemente abgeschlossen sein: Vogeltränken, Sprudelsteine, Figuren, Beleuchtung, Leitungen, Randsteine. Kontrollieren Sie Findlinge und Gartenfiguren auf Kippsicherheit, Wasserbecken auf Verkehrssicherheit (Kindersicherung!).

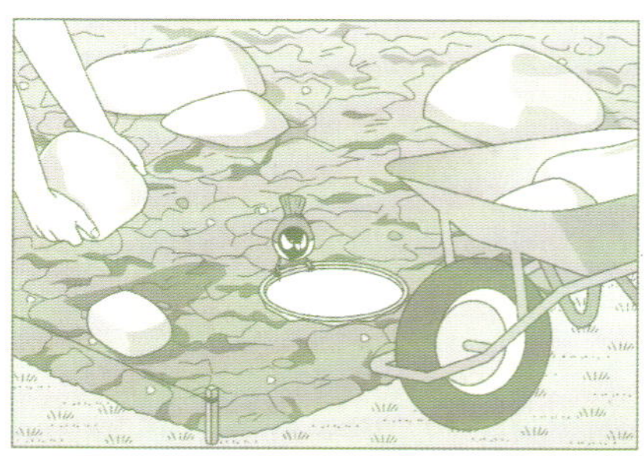

3 FLÄCHE PFLANZFERTIG VORBEREITEN

Nach dieser Vorbereitung wird zwischen den Gestaltungselementen noch einmal gegrubbert und geharkt. Dabei, je nach verwendeten Stauden, den Boden mit Komposterde verbessern. Bei der Pflanzung im Frühjahr eine Startdüngung (z. B. Hornspäne) in die obere Bodenschicht einarbeiten.

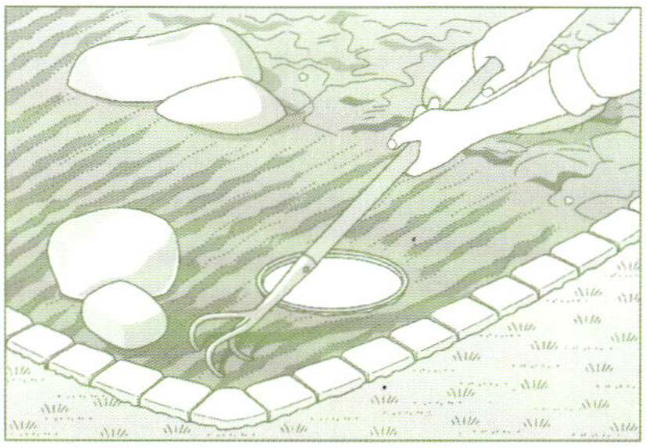

4 STAUDEN AUSLEGEN

Bevor Sie die Pflanzen in den Boden setzen, sollten Sie diese am ihnen zugedachten Platz auslegen. So können Sie Flächeneinteilung und Pflanzabstände fein justieren. Und es bewahrt Sie davor, am Ende zu viel oder zu wenig Stauden zu haben, weil während des Pflanzens falsch eingeteilt wurde.

5 STAUDEN AUSTOPFEN

Topfen Sie im nächsten Arbeitsschritt die Stauden aus – immer so viele, wie Sie in der nächsten Viertelstunde einpflanzen können. Denn die Wurzelballen sollen bei sonnigem Wetter nicht unnötig austrocknen. Die leeren Töpfe gleich ineinanderstecken, das erleichtert späteres Einsammeln.

6 DIE STAUDEN PFLANZEN

Pflanzen Sie so, dass die Erdballen etwa 1 cm unter der Erde sind. Die Erde um den Wurzelballen kräftig andrücken. Stets auf die richtigen Pflanzabstände achten: Nicht die Größe der jungen Pflanze ist entscheidend, sondern das Ausmaß der ausgewachsenen, jeweils nebeneinander stehenden Pflanzen bestimmt die Pflanzweite.

7 WÄSSERN UND MULCHEN

Nach dem Pflanzen die Stauden mit etwa 10 Liter Wasser pro Quadratmeter Beet angießen – am besten per Schlauch mit Brausekopf. Nach dem Einziehen des Wassers zwischen den Stauden nochmals grubbern. Dann 5 cm Mulch zwischen den Pflanzen auftragen. Bei trockenem Wetter wiederholt angießen!

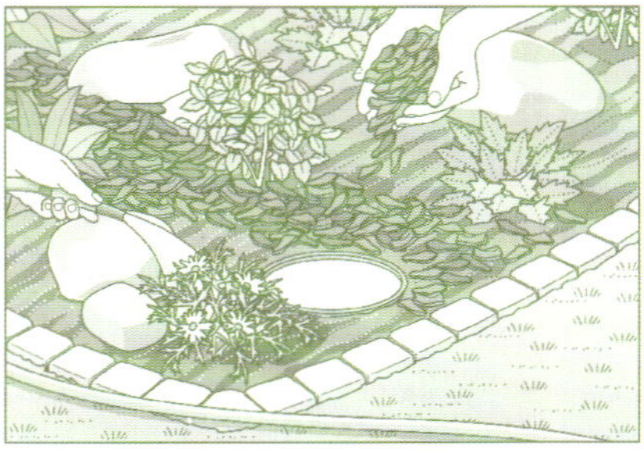

SOMMERBLUMEN anpflanzen

Planen Sie etwa 15–20 % einer Beetfläche für die Saisonbepflanzung ein.

Sommerblumen, das sind all die bunten Blütenbringer, die ab Mitte Mai, wenn die Frostgefahr gebannt ist, vom Gärtner geholt und in den Garten gesetzt werden können. Sommerblumen, das sind aber auch diejenigen ein- oder zweijährigen Blumen, die Sie selbst aussäen können.
Damit diese Pflanzen üppig wachsen und blühen, verlangen sie außer dem richtigen Platz im Garten genügend Dünger und Wasser. Einen Vorratsdünger zu geben, ist am einfachsten. Achten Sie beim Einpflanzen auf eine Qualitätsblumenerde; Billigerden sind preislich verlockend, im Ergebnis aber weniger begeisternd. Sichern Sie alle Balkonkästen, Kübel und Schalen vor dem Um- und Herunterfallen!

ZUBEHÖR

Basketform

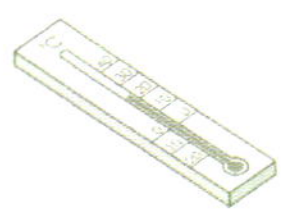

Thermometer

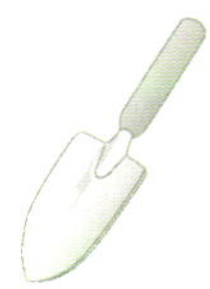

Schaufel

1 SCHATTENBEREICHE AUSNUTZEN

Im Schatten muss man auf attraktive Sommerblumen nicht verzichten. Hier gedeihen Fleißige Lieschen und Edellieschen, Knollenbegonien und nicht zuletzt die Vielfalt der Fuchsien in zahlreichen Sorten: Sie können in der Farbgestaltung aus einer Fülle von Möglichkeiten wählen.

2 FARBENMEERE FÜR SONNENPLÄTZE

Für sonnige Gartenbereiche ist die Pflanzenauswahl schier unerschöpflich. Klassiker wie Geranien, Tagetes, Lobelien, Vanilleblume, Lantanen oder Ziertabak versprühen hier ebenso ihren Charme wie Neuheiten am Markt – z. B. Blaue Mauritius und Kapkörbchen.

3 HANGING BASKETS

Von den pflanzenbegeisterten Briten haben wir eine Bereicherung für Terrasse und Balkon übernommen: bepflanzte Körbe – Hanging Baskets. Diese nach einem speziellen Verfahren bepflanzten Drahtkörbe erweitern die Deko-Möglichkeiten mit Balkonblumen um die Dimension der luftigen Höhen.

4 BALKONKÄSTEN MIT WASSERRESERVOIR

Diese erleichtern das tägliche Gießen Ihrer Balkonblumen. Je nach Wetter können Sie die Pflanzen bis zu ein paar Tage im Voraus mit Wasser versorgen. Weil Bewässerungskästen schwerer werden als normale Balkonkästen, müssen sie besonders stabil angebracht sein.

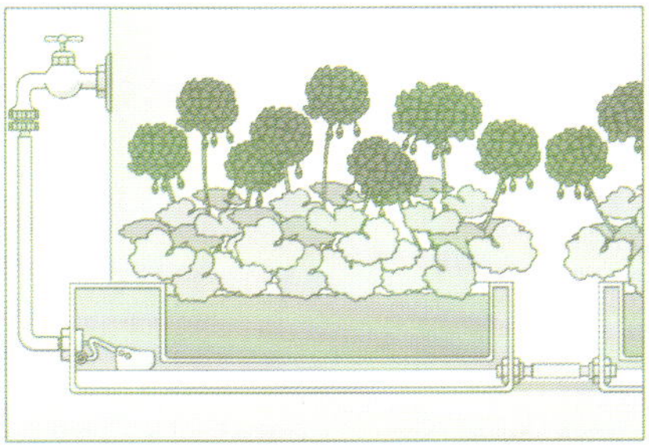

5 BUNTE SOMMERBEETE GENIESSEN

Balkonblumen sind nicht nur etwas für Kästen und Schalen, sie geben auch Beeten jahreszeitliche Akzente. So werden Balkonblumen zugleich als Beetpflanzen verwendet, etwa als Blütengürtel vor Gehölzen oder als harmonischer, Höhen staffelnder Übergang von Rosen zum Rasen.

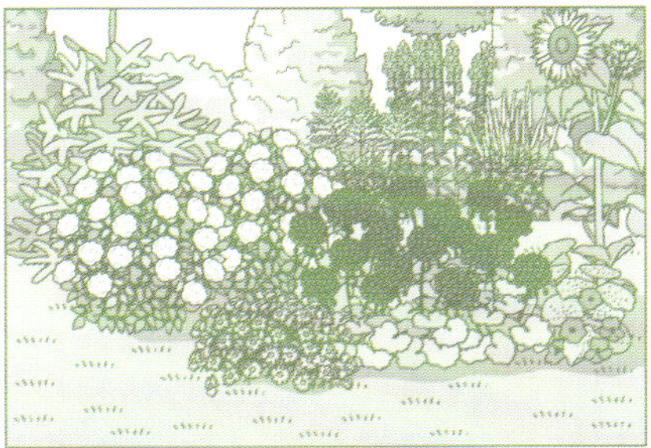

6 RICHTIGES ÜBERWINTERN

Geranie, Fuchsie, Wandelröschen, Knollenbegonie oder Indisches Blumenrohr können an einem kühlen Ort bei etwa 5 °C überwintert werden. Im Herbst halb zurückschneiden, im Winter sehr wenig gießen, aber nicht austrocknen lassen. Im Februar umtopfen, heller und wärmer stellen.

STRÄUCHER | in Gruppen setzen

Besonders hübsch sind Sträucher mit saisonalen Highlights rund ums Jahr.

Sträucher sind ausgesprochen vielseitig: Zusammen mit den Bäumen geben sie dem Garten Rahmen und Struktur. Sie kaschieren Unansehnliches wie Kompostplatz oder schlechtes Mauerwerk. Und sie werden, wenn sie betont gesetzt werden, zum Hingucker: z. B. eine Strauchrosengruppe im Rasen.

Es gibt Sträucher vom klein bleibenden Zwergstrauch bis zum übermannshohen Großstrauch – für jede Gartensituation das Passende. Blütensträucher bringen ebenso Farbe in den Garten wie solche mit bestechend schönem Herbstlaub und diejenigen mit bunter Blattfarbe. Sie haben beim Pflanzen die Wahl zwischen jungen Sträuchern und bereits fertig ausgewachsenen, vom Gärtner „Solitär" genannte Sträucher.

WERKZEUGE

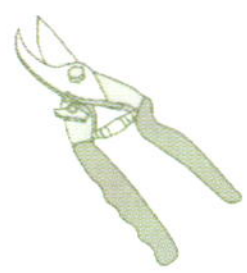

Gartenschere

Schlauch

Spaten

1 NACH THEMEN AUSSUCHEN

Sträucher lassen spielerisches Gestalten mit Themengruppen zu: vom Frühjahr bis zum Herbst blühende Sträucher oder Pflanzungen, die Wildfrüchte liefern (z. B. Holunder, Haselnuss), oder solche, die mit buntem Laub bestechen. Wie wär's mit Hortensien (2), Forsythien (3) oder Rosen (1)?

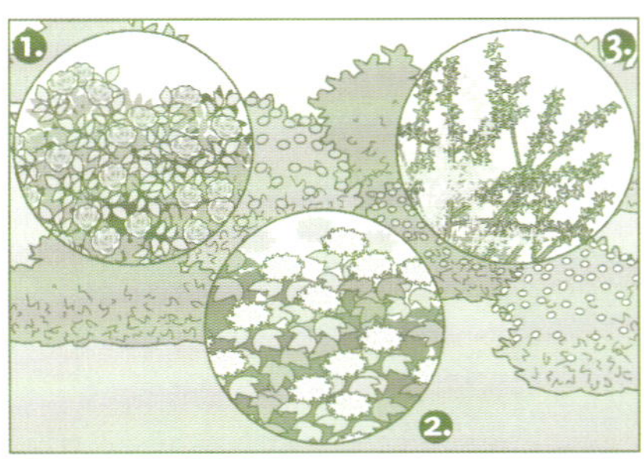

2 DIE PFLANZENMENGE ERMITTELN

Wie viele Pflanzen Sie für eine Fläche benötigen, hängt davon ab, welche Grenzabstände Sie einhalten müssen und welche Pflanzabstände die Sträucher verlangen. Als Faustzahl gilt für groß werdende Sträucher ein Abstand von 150–180 cm, für kleiner bleibende etwa die Hälfte.

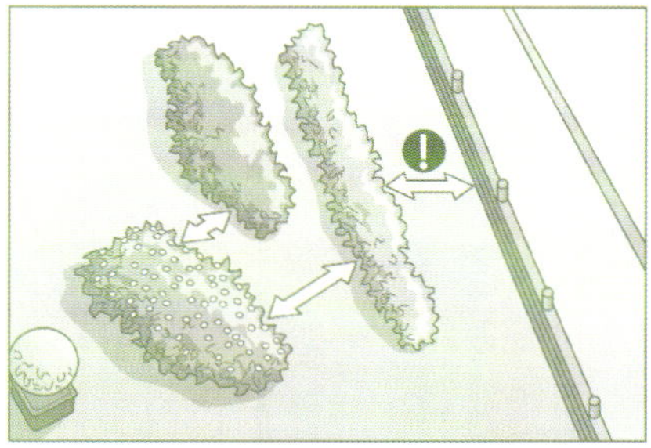

3 CONTAINERPFLANZEN SETZEN

Pflanzen, die Sie im Pflanzcontainer einkaufen, können das ganze Jahr über gesetzt werden. Sie werden in ein ausreichend großes, im Erdreich gelockertes Pflanzloch gesetzt und bis etwas über den Wurzelballen mit Erde aufgefüllt. Erde festtreten und Wässern nicht vergessen.

4 DER PFLANZSCHNITT

Nur Sträucher ohne Erdballen schneidet man beim Pflanzen auf etwa ein Drittel ihrer Zweiglänge zurück (ober- und unterirdisch). Was zunächst schmerzen mag, macht aber Sinn: Die Pflanzen treiben besser und buschiger aus, als wenn sie nicht geschnitten würden. Greifen Sie also beherzt zur Schere!

5 „WURZELNACKTE“ PFLANZEN SETZEN

Sträucher ohne Erdballen kann man in der Zeit von Ende Oktober bis Mitte April setzen, solange der Boden frostfrei ist. Sie sind preisgünstiger, brauchen aber ein Jahr länger, um nach dem Verpflanzen zum „normalen“ Wachstum zurückzufinden. Einpflanzen wie Containerpflanzen.

6 PARTNER FÜR STRÄUCHER

Wo sie nicht ausdrücklich für sich wirken sollen, wirken Sträucher besser in gemeinsamer Verwendung mit anderen Gartenpflanzen. In längere Strauchreihen setzt man alle 15 m einen Baum, vor Sträucher Stauden, zwischen sie auflockernde Koniferen (Nadelgehölze) und Blumenzwiebeln.

HECKEN pflanzen und formieren

Die Stacheldrahtrose (Rosa omaiensis pteracantha) macht Grenzen dicht!

Hecken betonen Grenzen – am Rande eines Grundstückes ebenso wie auf dem Grundstück selbst, wenn etwa unterschiedliche Gartenbereiche voneinander abgegrenzt werden. In der Höhe reicht ihr Variantenreichtum von der kleinen Buchshecke bis zur mehrere Meter hohen Hainbuchenhecke oder gar einer Lindenhecke. Üblicherweise werden Hecken regelmäßig in Form geschnitten – nicht so bei frei wachsenden Hecken. Ferner gibt es von Arten, die sonst geschnitten werden müssen, auch solche Sorten, welche diesen Aufwand nicht fordern. Etwa die Thujen-Sorte 'Smaragd' oder die Eiben-Sorten 'Fastigiata' und 'Fastigiata Robusta'. Zunächst teurer, ersparen sie langfristig Arbeit und Entsorgungskosten für Schnittgut.

MATERIAL

Spaten

Pflanzschnur

Heckenpflanze

1 PASSENDE HECKENPFLANZEN
Legen Sie vorab fest, wie hoch die Hecke werden soll, welche Breite sie bekommen darf. Entscheiden Sie sich für eine geschnittene Hecke oder für eine frei wachsende. Und letztlich: Soll sie immergrün sein oder laubabwerfend?

2 BODEN TIEFGRÜNDIG VORBEREITEN
Hecken benötigen für einen guten Start tief gelockerten Boden. In lockere Gartenböden kann man sie gleich pflanzen. Ansonsten zunächst einen entsprechend breiten und tiefen Graben ausheben, dessen Grund so tief wie möglich lockern. Verdichtete Bodenschichten müssen Sie ganz durchbrechen!

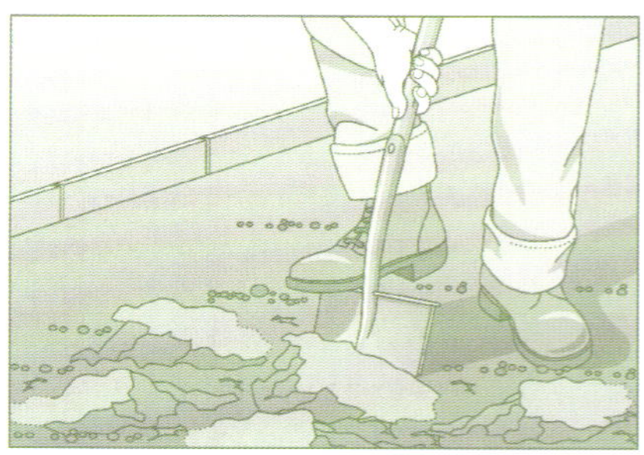

3 GRENZABSTAND EINHALTEN

Dienen Hecken als Abgrenzung, müssen sie gesetzliche Grenzabstände einhalten. Dazu gilt als Faustregel: Hecken bis zu 2 m Höhe benötigen 50 cm Grenzabstand, Hecken mit 2 bis 3 m Höhe 1 m. Fragen Sie Ihren Gärtner oder die Kommunalbehörde nach dem regional gültigen Abstand.

4 HECKENPFLANZEN AUSLEGEN

Die Heckenpflanzen im vorgesehenen Abstand zueinander an der Pflanzleine entlang aufstellen. So ist garantiert, dass keine Pflanze übrig bleibt. Pflanzen ohne Wurzelballen dürfen nicht austrocknen. Also nur so viele Pflanzen auslegen, wie Sie in wenigen Minuten pflanzen können.

5 DIE ERSTE PFLANZE SETZEN

Geben Sie den Aushub in eine Karre. Sie werden diesen für das Befüllen des Pflanzlochs der letzten Pflanze wieder benötigen. Setzen Sie dann die erste Pflanze in das Loch. Achten Sie darauf, dass die Pflanze gerade steht – sie dient als Maß für alle anderen.

6 WEITERE PFLANZEN SETZEN

Heben Sie nun das Pflanzloch der zweiten Pflanze aus. Verwenden Sie die Erde der zweiten zum Einpflanzen der ersten, der dritten zum Verfüllen der zweiten usw. Achten Sie beim Auffüllen der Erde darauf, dass die unteren Zweige von Nadelgehölzen nicht mit Erde bedeckt werden.

7 HECKE AUSRICHTEN UND FORMIEREN

Sind alle Pflanzen gesetzt, diese wässern. Schauen Sie dann die gesamte Hecke entlang und richten Sie die Pflanzen noch einmal senkrecht und in der Reihe aus. Treten Sie dabei die Erde fest an, damit die Pflanzen gerade stehen bleiben. Höhe und Breite jetzt gegebenenfalls durch Schnitt angleichen.

KLETTER-PFLANZEN

einsetzen

In große Bäume oder Sträucher gepflanzt, sind Kletterpflanzen eine Augenweide!

Mit Kletterpflanzen können Wände verschönert werden, Ecken von Wohngebäuden oder Gartenhäuschen umspielt oder große, von unten verkahlte Gehölze mit Grün und Blüten neu durchwoben werden. Einige Pflanzen klettern mittels Haftwurzeln selbstständig, etwa Efeu, Kletterhortensien oder der Wilde Wein 'Veitchii'. Andere, wie Kletterrosen, Clematis oder Trompetenwinden benötigen an Wänden Kletterhilfen. Für sonnige, halbschattige und schattige Lagen gibt es jeweils passende Pflanzen. Beachten Sie unbedingt die Wuchsstärke der verschiedenen Kletterpflanzen. Sicherheitshinweis: Vermeiden Sie es, Blauregen an Regenrinnen zu pflanzen. Er wird sich um sie herumwinden und Dachrinne sowie Fallrohr zerdrücken!

ZUBEHÖR

Bohrmaschine

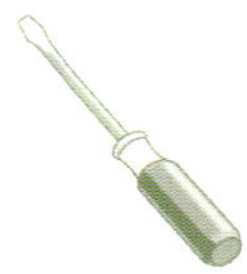

Schraubenzieher

Mulch

1 STANDORT CHECKEN

Prüfen Sie am Standort zunächst, ob er – je nach gewünschter Pflanze – ausreichend sonnig oder schattig ist. Der Boden muss hier tiefgründig locker sein. Kann bei Bedarf eine Rankhilfe angebracht werden? Bedenken Sie: Stark wachsende Pflanzen wie Knöterich oder Blauregen benötigen viel Platz!

2 MAUERWERK PRÜFEN

Wollen Sie selbst kletternde Pflanzen wie Efeu setzen, so sollten Sie zuvor auf intaktes Mauerwerk achten. Dem können selbst die Haftwurzeln des Efeus nichts anhaben. Ist Putz aber lose oder bestehen Risse im Mauerwerk, in welche die Wurzeln eindringen können, so sollten Sie derartige Schäden zuvor beheben.

3 KLETTERHILFE ERRICHTEN

Kletterer, die keine Haftwurzeln ausbilden, benötigen eine Rankhilfe. Sie sollte langjährig wetterstabil sein, damit sie nicht – wie bei faulendem Holz – bricht. Um Wände streichen zu können, ist es ratsam, die Kletterhilfe so zu errichten, dass man sie samt Pflanze von der Wand wegklappen kann.

4 PFLANZEN EINSETZEN

Setzen Sie die Pflanzen so an den tiefgründig (!) gelockerten Platz, dass der Wurzelballen etwa 2 cm von Boden bedeckt ist. Waldreben werden mit einer Hand voll Torf oder Lauberde gepflanzt. Clematis zwingend mit einer Drainage unter den Wurzeln pflanzen zu müssen, gilt als überholt.

5 AN RANKHILFE AUSRICHTEN

Lösen Sie die an Stäbe angebundenen Triebe der Pflanze, um die einzelnen Ranken mit Bast fächerförmig an der Rankhilfe anzubinden. So begrünt die Fläche schneller und gleichmäßiger. Werden die Zweige dicker und haben sie Halt gefunden, den Bast lösen, damit er die Zweige nicht einschnürt.

6 ANGIESSEN UND MULCHEN

Nun werden die Kletterpflanzen angegossen. Mulchen Sie die bepflanzte Fläche anschließend, so hält das den Boden feuchter. Clematis verlangt immer einen schattigen, feuchten Fuß: Unterpflanzen Sie eine Waldrebe daher mit etwas Abstand immer mit einem Bodendecker oder schattierenden Kleinstrauch.

RASEN anlegen

Rasenkantensteine werden besser in etwas Mörtel gesetzt und verfugt.

Rasen ist nicht gleich Rasen: Für die unterschiedlichen Beanspruchungsarten gibt es verschiedene Saatmischungen – von der nicht belastbaren Blumenwiese über den wenig belastbaren Zierrasen bis hin zum strapazierfähigen Spiel- und Sportrasen. Der Rasentypus ist auf den Samenbeuteln ausgewiesen.

Lassen Sie sich nicht von Begriffen wie „Schattenrasen" in die Irre führen. Rasen verlangt immer nach Sonne. Bei Schattenrasen handelt es sich lediglich um Grassorten mit breiteren Blättern – die Pflanzen nehmen in schattigen Lagen etwas mehr Licht auf.

Folgendes sollten Sie unbedingt beachten, damit später keine Pfützen auf dem Rasen entstehen: Bodenverdichtungen – auch die des Untergrundes – müssen beseitigt werden.

ZUBEHÖR

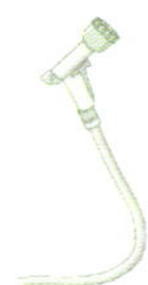
Brause

Rasenkantenstein

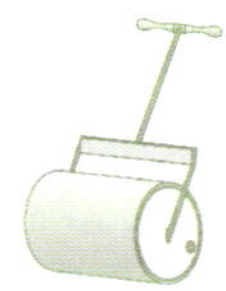
Rasenwalze

1 RASENSAATGUT BESORGEN

Achten Sie beim Einkauf des Rasensaatgutes auf die richtige Auswahl des Rasentyps, den Sie haben möchten – z. B. Zierrasen oder Spielrasen. Pro Quadratmeter Fläche werden Sie 35–40 g Saatgut benötigen. Mischen Sie nie zwei verschiedene Saatmischungen, etwa um Reste zu verwerten!

2 RASENPLANUM ERSTELLEN

Der Boden wird zunächst der Geländemodellierung folgend plan gemacht. Das geht leicht mit Schaufel und Holzharke. Alles Grobe wie Steine, Holz- und Wurzelreste, aber auch Wurzelunkräuter (Quecken, Sauerampfer, Löwenzahn) werden abgesammelt. Ziel ist eine glatte, feinkrümelige Bodenoberfläche.

3 RASENKANTENSTEINE SETZEN

Vor der Aussaat werden die Kantensteine verlegt. Deren Oberkante soll etwa 2 cm höher als das Rasenplanum stehen (= Rasenlänge!). Die Kantensteine erleichtern das Mähen, da sie mit zwei Mäherrädern befahren werden können. Sie hindern, richtig verfugt, Grasausläufer am Eindringen in die benachbarten Rabatten.

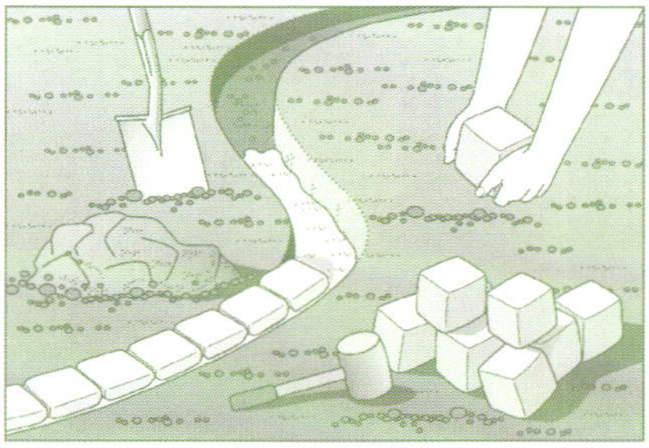

4 RASEN AUSSÄEN

Gesät wird bei trockenem Wetter. Bei der Aussaat von Rasen kommt es auf gleichmäßiges Ausbringen an. Das Aussäen von Hand gelingt erst nach einiger Übung. Daher sollten Sie, falls Sie unsicher darin sind, besser mit einer Sämaschine arbeiten, die Sie im Gartencenter bekommen.

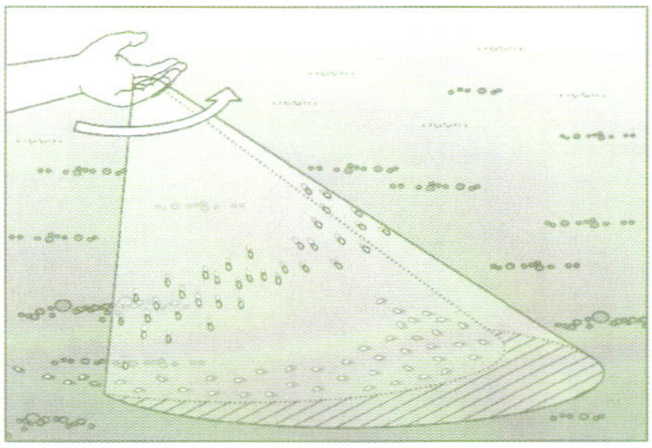

5 RASENSAAT WALZEN

Die Fläche wird nach der Aussaat gewalzt: Das Saatgut bekommt den nötigen Bodenanschluss. Eine Rasenwalze können Sie entweder im Gartencenter oder bei einem Garten- und Landschaftsgärtner mieten. Bequem zu handhaben sind Walzen, die zum Beschweren mit Wasser gefüllt werden.

6 ALTERNATIV ROLLRASEN VERLEGEN

Die Zeit von der Aussaat bis zur Benutzung eines Rasens kann verkürzt werden, wenn Sie Fertigrasen verlegen. Auf dem Rasenplanum werden dazu fertige, zusammengerollte Rasensoden dicht nebeneinander ausgelegt und ausgerollt. Der Rasen ist gleich betretbar und nach etwa zwei Wochen voll belastbar.

7 RASEN VORSICHTIG ANGIESSEN

Ist das Saatgut ausgebracht bzw. ist der Rollrasen verlegt, wird angegossen. Dosieren Sie das Wasser als weiche Strahlen mit einer breit werfenden Brause. Vermeiden Sie, dass das Saatgut vom Wasser fortgespült wird. Je nach Witterungsverlauf Samen und Sämlinge über mehrere Wochen hinweg feucht halten!

MOOS aus dem Rasen entfernen

Begrünen Sie schattige Bereiche mit bodendeckenden Stauden statt mit Rasen.

Nur ein weitestgehend moosfreier Rasen kann ein dichtes Rasengeflecht bilden, das aus Gräsern, die Horste bilden, und solchen, die Ausläufer bilden, erreicht wird. Überall dort, wo Moos sich aber in den untersten Rasenschichten ausbreitet, werden besonders dem Ausläufer bildenden Gras die Lebensbedingungen genommen. Moosbildung im Rasen hat ihre Ursachen, denen abgeholfen werden kann. Moose mögen feuchte und schattige Lebensbedingungen. Rasen sollte also nur in entsprechend günstigen Gartenlagen gesät werden. Aussaat von Schattenrasen ist keine Lösung. Fehlt dem Boden Kalk, fördert das die Moosbildung. Kurzes Mähen und jährliches Vertikutieren behindern das Moos im Wachstum.

ZUBEHÖR

Rasensamen

Schubkarre

Vertikutierer

1 RASEN KURZ MÄHEN

Um das Moos gründlich aus dem Rasen entfernen zu können, wird in einem ersten Arbeitsschritt der Rasen auf eine Länge von etwa 2 cm heruntergeschnitten. Das anfallende Schnittgut wird von der Rasenfläche entfernt. Warten Sie für diese Arbeiten einen trockenen Tag ab.

2 MIT EISENSULFAT GIESSEN

Der Fachhandel bietet für Rasenflächen Moosvernichter auf der Basis von Eisensulfat an. Setzen Sie entsprechend der Herstellerangaben eine Mischung von Eisensulfat mit Wasser in einer Gießkanne mit Brauseaufsatz an. Gießen Sie damit den Rasen. Tragen Sie Handschuhe, halten Sie Kleinkinder und Tiere von behandelten Flächen fern!

3 IN GEWOHNTE RICHTUNG VERTIKUTIEREN

Sobald das Moos sich schwarz verfärbt hat – das geht binnen weniger Minuten –, bearbeiten Sie die Rasenfläche mit einem Vertikutierer. Dieser schabt das Moos aus der Rasenfläche. Arbeiten Sie mit dem Gerät in dieselbe Richtung, wie üblicherweise mit dem Mäher.

4 ÜBERQUER VERTIKUTIEREN

Im nächsten Arbeitsgang gehen Sie ein zweites Mal mit dem Vertikutierer über die Rasenfläche. Diesmal aber quer – also im rechten Winkel – zur Laufrichtung des ersten Vertikutiergangs. Vertikutierer gibt es als Handgeräte, weniger Kräfte zehrend sind aber motorbetriebene Geräte.

5 DAS MOOS KOMPOSTIEREN

Wenn Ihr Vertikutierer keinen Grasfangkorb hatte, müssen Sie das Mähgut nun sorgfältig und komplett zusammenharken. Sie können diesen Grünabfall auf den Kompost geben. Wenn sich kein Grassamen darin befindet, können Sie es zum Mulchen unter Sträuchern verwenden.

6 DEN RASEN NACHSÄEN

Erschrecken Sie nicht, wenn der Rasen nach dem Vertikutieren sehr gerupft aussieht: Je vermooster er war, desto schlimmer. Säen Sie sofort mit etwa 20 g pro Quadratmeter von derselben Rasensaatmischung nach, die Sie bei der Rasenanlage verwendet haben. Bald ist der Rasen wieder dicht!

BÄUME auswählen und pflanzen

Nach zwei Jahren können Sie den stützenden Baumpfahl wieder entfernen.

Bäume geben dem Garten ein besonderes Flair. Im Vorgarten können sie das Entrée betonen, im Wohngarten können sie Schatten spenden und ein angenehmes Kleinklima schaffen. Walnüsse z. B. helfen am Sitzplatz oder in Hausnähe, Mücken fernzuhalten. An Grundstücksgrenzen setzen Bäume optische Grenzmarkierungen. Bäume können als Blütenbäume gesetzt werden, z. B. Zierkirschen, Zieräpfel, oder mit dem zusätzlichen Nutzen, Früchte zu liefern. Interessant sind zudem große Nadelbäume! Weil die Vielfalt der Varianten so groß ist, empfiehlt es sich, das Beratungsgespräch mit einem Fachmann aus einer Baumschule zu suchen. Dieser sagt Ihnen bei jedem Baum, was Sie von ihm erwarten können.

MATERIAL

Pfahl

Strick

Spaten

1 STANDORT GUT ÜBERLEGEN

Einen Baum nur dorthin setzen, wo sich sowohl die Baumkrone als auch die Wurzeln ausbreiten können. Wahren Sie den nötigen Grenzabstand, den Sie bei der Kommunalbehörde erfragen können. Bedenken Sie ferner den entstehenden Pollenflug, Laub- und Fruchtfall.

2 ARTEN UND SORTEN

Achten Sie nicht allein auf die Baumart, die Ihnen gefällt, sondern auch auf die für Sie geeignete Sorte. So gibt es z. B. neben den verschiedenen Ahorn-Arten zudem deren Sorten mit ausladendem oder schlankem Wuchs, mit großen und mit kleinen Kronen und solche mit unterschiedlichen Laubfarben.

3 DIREKT VON DER BAUMSCHULE

Haben Sie sich für einen Baum entschieden, lassen Sie sich diesen von der Baumschule an das Pflanzloch liefern – nicht nur an die Baustelle! Bedenken Sie, dass der Baum durch eventuelle Hindernisse (z. B. Hoftüren) passen muss. Auch Platz zum Wenden und Drehen wird benötigt.

4 PFLANZGRUBE VORBEREITEN

Das Pflanzloch muss der Wurzel- oder Ballengröße des Baumes entsprechend weit und tief sein. Im fertigen Pflanzloch den Boden nochmals etwa einen Spatenstich tief lockern. Etwaige Bodenverdichtungen müssen bis zum wieder locker werdenden Boden durchbrochen sein.

5 BAUMPFAHL SETZEN

Wird der Baum ohne Wurzelballen gepflanzt, wird vor dem Einsetzen des Baumes der Baumpfahl gesetzt, bei Ballenware erst danach. Der Pfahl wird im Pflanzloch zunächst etwas eingegraben, dann mit einem Holz- oder Vorschlaghammer so in den Boden getrieben, dass er fest steht.

6 DEN EIGENEN BAUM PFLANZEN

In der Pflanzgrube wird der Baum dicht an den Baumpfahl gesetzt. Die Wurzeln werden so mit feinkrümeliger Erde bedeckt, dass sich keine Hohlräume bilden. Die Erde antreten und mit Wasser einschlämmen. Etwaige Veredelungsstellen („Knubbel" über den Wurzeln) nicht mit eingraben.

7 BÄUME ANBINDEN

Am Pfahl wird der Baum beispielsweise mit einem Kokosstrick angebunden. Das sollte fest geschehen, aber so, dass das Dickenwachstum des Baumes nicht eingeschnürt wird. Bei mit großen Ballen gepflanzten Bäumen setzt man statt einem Pfahl drei Pfähle im Dreieck um den Baum, oben mit einer angenagelten Latte verbunden.

WEGE – geschwungen oder gerade

Über Grau und Rot hinaus gibt es auch bunte Pflastersteine und Wegplatten.

Der Garten lebt von der Vielseitigkeit seiner Gestaltungselemente und seiner Gartenbereiche. Um aber z. B. Küche und Kompostplatz, Terrasse und einen versteckten Sitzplatz zu verbinden, braucht es die Gartenwege. Die Wegführung will dabei gut überlegt sein, denn sie trägt wesentlich zum Raumgefühl im Garten bei: Ein Gartenteich wirkt üppiger, wenn Sie weiter entfernt an ihm vorbeigehen und dabei das rahmende Beet und etwas Rasenfläche vor Augen haben. Nah am Wasser entlangzugehen, ist dagegen erlebnisreicher, kann aber auch besondere Vorsicht verlangen. Beachten Sie ebenfalls, wie aufwendig Sie die Beete gestalten möchten: Reichen Trittplatten im Rasen, oder bedarf es eines breiten Plattenweges mit Randsteinen?

MATERIAL

Wegplatte

Besen

Schnur

1 STRECKENFÜHRUNG FESTLEGEN

Wollen Sie auf direktem Weg zum Ziel gelangen? Oder wollen Sie alle Gartenziele von einem Weg aus erreichen? Überlegen Sie, welche Wege Sie wie oft benötigen, so können Sie Haupt- und Nebenwege unterscheiden. Letztere können einfacher und damit preiswerter gestaltet werden.

2 WEGFÜHRUNG ABSTIMMEN

Ist die ideale Streckenführung bestimmt, geht es um die konkrete Wegführung. Gerade Wege sind für streng in Linien konzipierte Gärten günstig. Geschwungene für weniger streng angelegte – die Wege brauchen immer einen Grund, ein „Hindernis", um das sie führen, damit ihre Bewegung glaubwürdig wird.

3 WEGFLÄCHE AUSKOFFERN

Die Wegführung mit einer Schnur abstecken. Laufbreite für eine Person ist 60 cm, für zwei nebeneinander 120 cm. Zur Laufbreite links und rechts des Weges je 20 cm zugeben. Dies dient als Arbeitsbreite beim Wegebau oder als Platz für ein Mörtelbett für das Verlegen von Randsteinen.

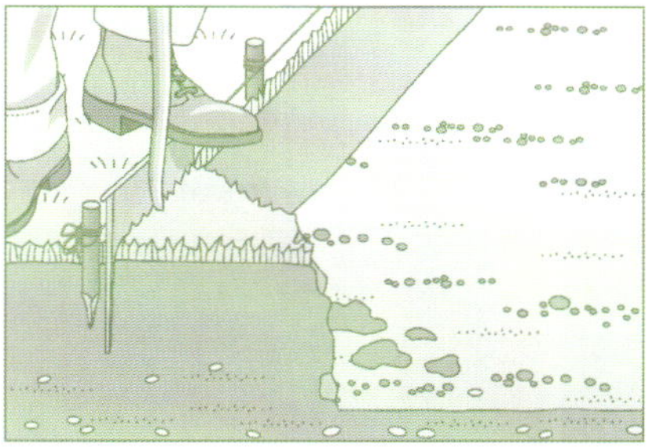

4 TRAGSCHICHT EINBAUEN

Für Gartenwege, die nicht mit Fahrzeugen befahren werden, reicht eine Schotterschicht von 15 cm Stärke aus. Rütteln Sie bei frisch aufgefülltem Boden die ausgekofferten Wege mit einer Rüttelplatte ab. Sonst erfolgt das Abrütteln erst, wenn der Schotter ebenmäßig eingebaut wurde.

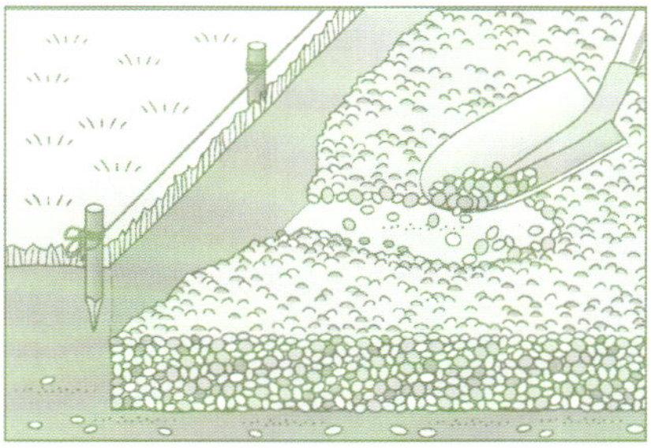

5 DIE RANDSTEINE SETZEN

Wenn die Tragschicht liegt, werden die Randsteine gesetzt. Ihr Abstand zur gegenüberliegenden Reihe wird durch die gewünschte Wegbreite bestimmt. Es gibt aber weniger Verschnitt, wenn man den Weg so breit legt, dass die Maße der Platten oder Pflastersteine plus Fugen berücksichtigt sind.

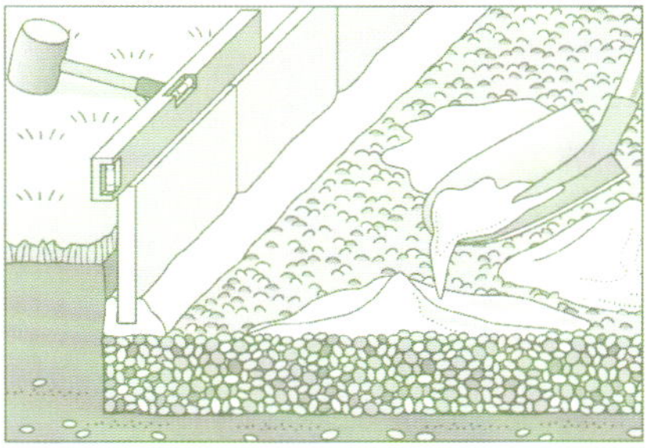

6 PLATTEN LEGEN

Stehen die Randsteine, so wird eine maximal 3–5 cm starke Sandschicht aufgefüllt, auf der die Platten oder Pflastersteine verlegt werden. Achten Sie darauf, dass – besonders beim Legen von Mustern – die Platten oder Pflastersteine während des ganzen Verlegens immer im richtigen Verband gelegt werden!

7 EINSANDEN UND ABRÜTTELN

Die Pflastersteine werden mit der Rüttelplatte abgerüttelt, Platten üblicherweise nicht. Achtung: Bei empfindlichen Pflastersteinen die Rüttelplatte mit einem Gummischoner überziehen, damit keine Pflasterkanten abplatzen! Letztlich alles mit Sand abstreuen und mit dem Besen in die Fugen kehren.

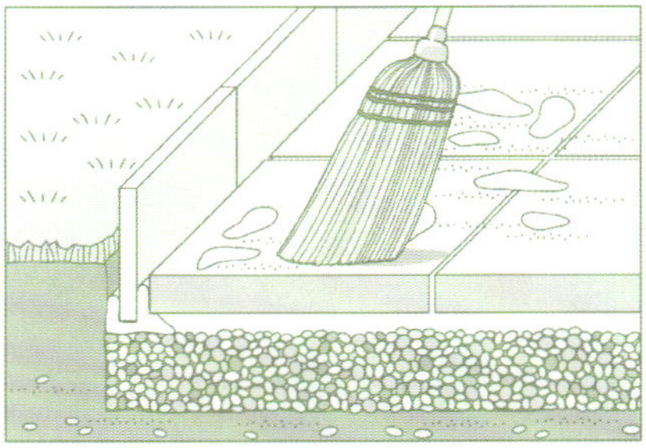

SPIELECKEN | für Kinder

Meiden Sie giftige Pflanzen wie Goldregen im Garten und klären Sie Ihre Kinder frühzeitig auf.

Das verträumte und zeitverlorene Spielen im Garten der Eltern oder Großeltern zählt für viele Erwachsene mit zu den unbeschwertesten Kindheitserinnerungen. Gleichzeitig wissen wir inzwischen um den Erlebnisse und Erfahrungen vermittelnden Wert des Gartens für die Kinder. Sicherheit muss dabei allerdings groß geschrieben werden.

Um den Garten nicht als „Kindergarten" festzulegen und den Ansprüchen der Erwachsenen ebenfalls gerecht zu werden, kann von Beginn an ein Entwicklungsplan gedacht werden, der – den älter werdenden Kindern entsprechend – Komponenten wie Sandkästen entfernt und in einen Erwachsenengarten überleitet. Bis der zum „Enkelgarten" umfunktioniert wird ...

ZUBEHÖR

Gießkanne

Eimer

Fussball

1 BOLZPLATZ AUF DEM RASEN

Wo Kinder sich austoben möchten, sollte ein Zierrasen bereichsweise mit einer strapazierfähigen Spiel- und Sportrasenmischung eingesät werden. Achten Sie ferner auf Sicherheitsabstand zu Teichen, Gemüsebeeten und allem, was für Kinder beeinträchtigend oder gar gefährlich wäre.

2 IN DER HECKE VERSTECKEN

Spielhäuser kann man selber pflanzen und dann nach eigenen Plänen eine Heckenhütte z. B. aus Hainbuchen wachsen lassen. Am besten beizeiten Heckenpflanzen der Größe 100/125 setzen, denn das Formieren braucht zwei und mehr Jahre Zeit. Grundfläche: mindestens 2 × 1,5 m.

3 „CAMPEN“ IM WEIDENZELT

Auch aus Weidenruten lassen sich Hütten bauen – z. B. ein Indianerzelt. Dabei werden die entsprechend lang zugeschnittenen Ruten etwa 75 cm tief eingegraben und an der Zeltspitze mit dünnen Weidenruten zusammengebunden. Weidenzelte gehen am besten mit den Ruten der Kopfweide.

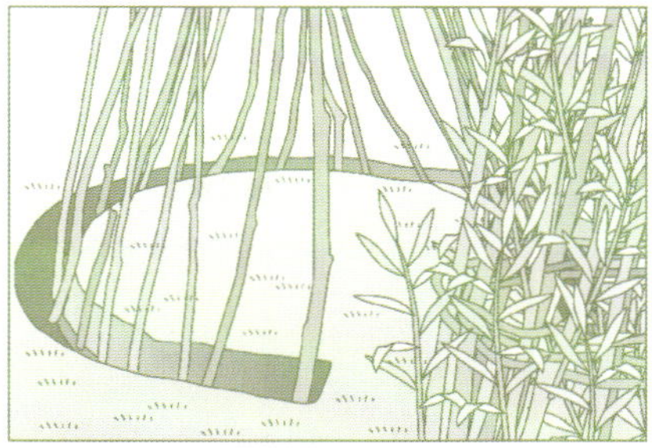

4 SANDKASTEN FÜR DIE KLEINEN

Bis zum Alter von etwa 5 Jahren sind Sandkästen ein Thema für die Kids. Günstig sind solche, die ausreichend groß und tief sind, damit mehrere Kindern darin „richtig buddeln“ können. Günstig sind ferner Kästen, die abends abgedeckt und im Winter hereingeräumt werden können.

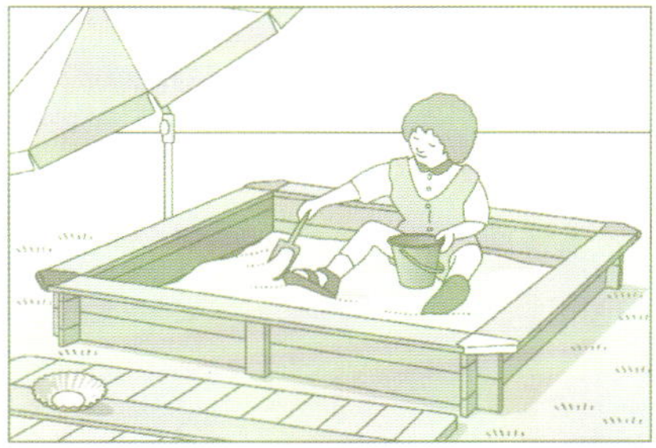

5 SPIELGERÄTE SICHER AUFSTELLEN

Achten Sie darauf, dass Sie nur mit dem GS-Zeichen versehene Spielgeräte verwenden. Stellen Sie sie kippsicher auf. Oft ist es sinnvoll, die Füße der Spielgeräte auf einem Betonfundament von 30 × 30 cm und 60 cm Tiefe festzuschrauben. Beachten Sie die Herstellerangaben!

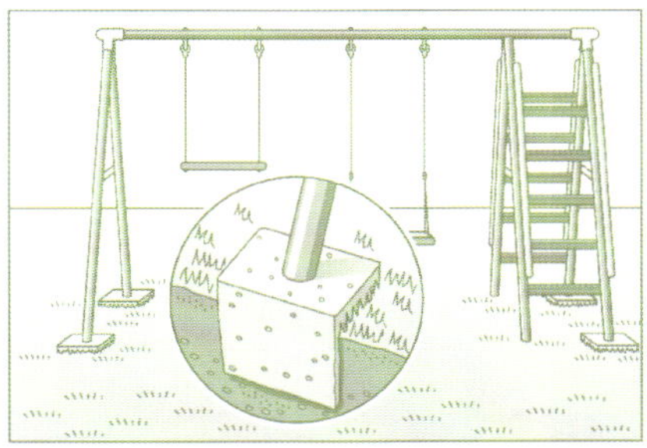

6 MATSCHECKE ZUM PLANSCHEN

Kaum ein anderes Spielelement fasziniert Kinder so sehr wie Wasser. Stellen Sie ihnen kindersichere Wasserbecken, Matschecken, einen Wasserhahn und ein Stück Schlauch zur Verfügung und animieren Sie zum Spielen, indem Sie ihnen passendes Spielzeug wie Eimer und kleine Boote schenken.

7 EIGENER NASCHGARTEN

Da Naschen nicht nur den Großen Spaß macht, können auch für die Kleinen Ecken mit allem, was süß ist, gepflanzt werden. Am besten eignen sich Himbeeren, Erdbeeren und Mirabellen. Das Obst hilft Ihnen, Kindern den Unterschied zwischen Naschobst und verbotenen, weil giftigen Früchten zu lehren.

KRÄUTER-GÄRTEN gestalten und genießen

Blüten von Borretsch, Kapuzinerkresse oder Dahlien können Sie mitverzehren.

Kräuter gehören in jeden Hausgarten, denn sie machen die Küche vielseitiger, Speisen schmackhafter und bekömmlicher. Bei Küchenkräutern muss man sich nicht nur auf Petersilie, Schnittlauch und bestenfalls ein paar Zwiebeln beschränken. Entdecken Sie für sich die leckere Kräutervielfalt mit Rosmarin und Salbei, mit Orangenthymian und Sauerampfer, mit feinstem Estragon und zart würzigem Lavendel. Ungeahnte Aromen bringen Ananassalbei, Muskatellersalbei und viele mehr in Ihren Garten. Weißbunte, rot- oder gelblaubige Kräutersorten laden darüber hinaus zum Gestalten ein. Wenn Sie jetzt von der Erlebnisvielfalt anstatt von einfachen Küchenkräutern überzeugt sind: Legen Sie einfach los!

ZUBEHÖR

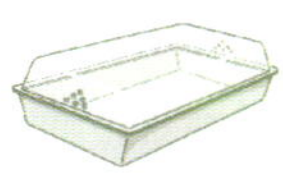
Aussaatschale

Grabegabel

Findlinge

1 DIE MEISTEN WOLLEN SONNE

Küchenkräuter brauchen einen sonnigen Gartenplatz, um üppiges Aroma entwickeln zu können. Nur wenige wie Schnittlauch oder Petersilie vertragen Halbschatten. Im sonnigen Kräuterbeet oder eingepflanzt in Kübel und Kästen auf sonnigem Balkon – so wird's was mit den Kräutern.

2 WIE VIEL SOLL'S DENN SEIN?

Wie viele Kräuter Sie pflanzen, das ist buchstäblich Geschmackssache. Denn Ihre Verzehrgewohnheiten bestimmen, welche Kräuter Sie benötigen und wie viel davon. Haben Sie Mut: Probieren Sie auch einmal Kräuter, mit deren Verwendung Sie bislang nicht vertraut waren.

3 KRÄUTERBEETE ANLEGEN

Sie müssen tiefgründig locker sein, damit die Kräuter tief einwurzeln können. Daher das geplante Beet entsprechend vorbereiten: Vor dem Pflanzen im Frühjahr etwa 50 g pro Quadratmeter Hornspäne als Dünger in den Boden einarbeiten. Kräuter werden sonst nur zurückhaltend gedüngt.

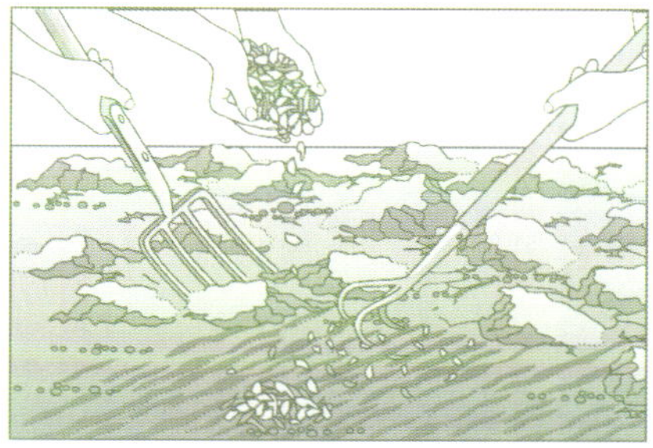

4 WÄRME SPEICHERNDE FINDLINGE

Damit es im Kräuterbeet lang anhaltend warm bleibt, sollte man Kräuter in der Nähe einer Wärme reflektierenden Wand pflanzen. So erhalten sie bis nach Sonnenuntergang zusätzliche Wärme und gedeihen besser. Einen vergleichbaren Effekt haben Findlinge im Kräuterbeet.

5 AUSLEGEN UND PFLANZEN

Kaufen Sie die Kräuter so, dass sie daheim gleich gepflanzt werden können. Zuerst gründlich wässern, austopfen, an den zugedachten Platz legen und Pflanzabstände korrigieren. Beachten Sie, wie groß die Pflanze einmal wird! Der Ballen der Kräuter sollte 1 cm unter der Erde liegen.

6 KRÄUTER AUSSÄEN

Statt Kräuter zu pflanzen, können Sie viele auch aussäen. Kerbel, Dill, Petersilie und Schnittlauch werden in Reihen in das Beet gesät. Liebstöckel, Borretsch und andere groß werdende Kräuter kann man in Saatschalen säen, dann kräftige Pflanzen in Töpfen anziehen und diese dann auspflanzen.

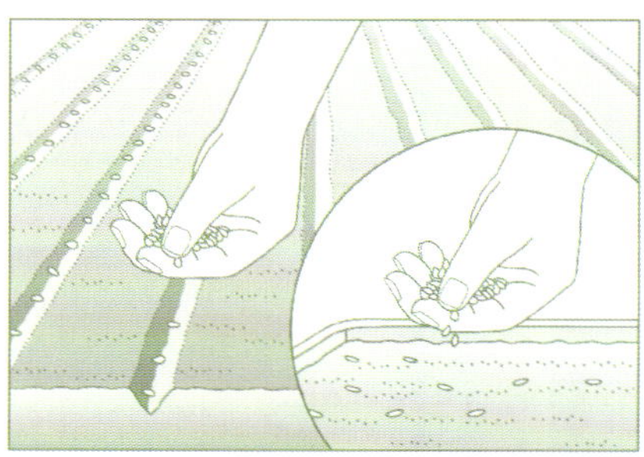

GEMÜSE-MISCHBEETE anlegen

Das Gemüse mit dem höchsten Eiweiß- und Mineralstoffgehalt ist: Grünkohl!

Gemüse im eigenen Garten zu ziehen verlangt etwas Arbeit: Etwa 1,5 Stunden pro Quadratmeter Beetfläche und Jahr müssen Sie einkalkulieren. Das sind bei nur 10 m² Fläche immerhin schon zwei Arbeitstage. Aber der Aufwand rechnet sich. Denn besonders die feinen Gemüse wie Erbsen, Stangenbohnen, Tomaten, Paprika, Zuckermais und Gemüsefenchel sind lohnenswerte Kulturen. Zudem kann z. B. Salat in einer viel größeren Vielfalt aus dem Garten gewonnen als zugekauft werden. Oder wo bekommen Sie ansonsten den noch selteneren, leckeren, italienischen Schwarzkohl?

ZUBEHÖR

Notizblock

Reihenzieher

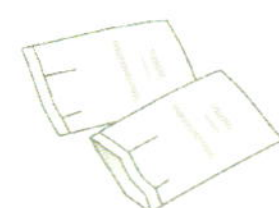
Samentüte

1 GEMÜSE AUSWÄHLEN

Notieren Sie, welche Gemüse Sie gerne essen und welche Sie im eigenen Garten selbst anbauen möchten. Wenn Sie zu wenig Platz für Ihre Pläne haben, streichen Sie diejenigen, die Sie billiger zukaufen können, als sie selbst anzubauen – z. B. Porree, Kohl-Arten, Möhren oder Sellerie.

2 ANBAUZEITEN SORTIEREN

Die aufgelisteten Pflanzen werden, gemäß den Angaben auf den Samentüten, jahreszeitlich nach Anbauzeiten sortiert. So ergibt sich eine Anbaureihenfolge. Von Salat, Möhren, Radieschen und Porree gibt es zudem Sorten für den Früh- wie für den Spätanbau, sie lassen sich viele Monate lang ernten.

3 MISCHKULTUR-PARTNER ERMITTELN

Einige Gemüsearten gedeihen besser miteinander als mit „falschen“ Nachbarn. Die günstigsten Arten in einem Beet zu kombinieren, nennt man Mischkultur.
Passende Partner z. B. der Buschbohne sind Gurke, Kohl, Kopfsalat und Sellerie; weniger gut wachsen sie neben Erbse, Porree oder Zwiebel.

4 REIHENABSTÄNDE FESTLEGEN

Wenn festgelegt ist, was wann auf das Beet kommt, werden die Reihenabstände der Gemüse untereinander bestimmt. Hierzu finden Sie Angaben auf den Samentütchen. Großen Abstand (50–70 cm) brauchen Kohl-Arten. Salat, Möhren und Co. reichen schon 30–35 cm Abstand.

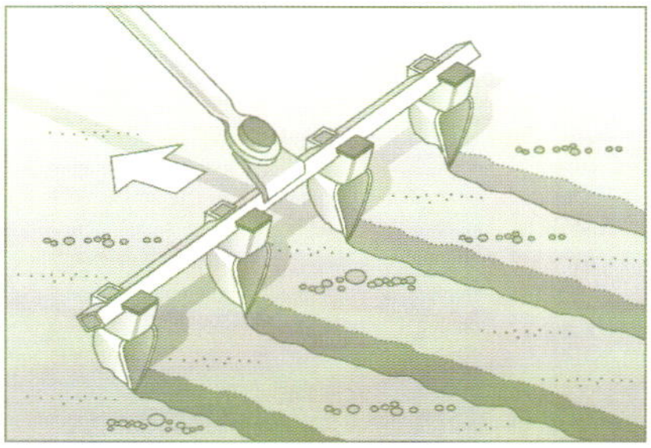

5 GEMÜSE AUSSÄEN

Viele Gemüsearten kann man direkt ins Beet säen. Wo das sehr früh geschieht, schützt eine Folie die Saat. Erst später zu setzende Pflanzen wie Tomaten und Paprika werden im Haus an hellster Stelle ausgesät, in Töpfen vorgezogen und Mitte Mai nach dem Umgewöhnen ans Freiland-Klima ins Beet gesetzt.

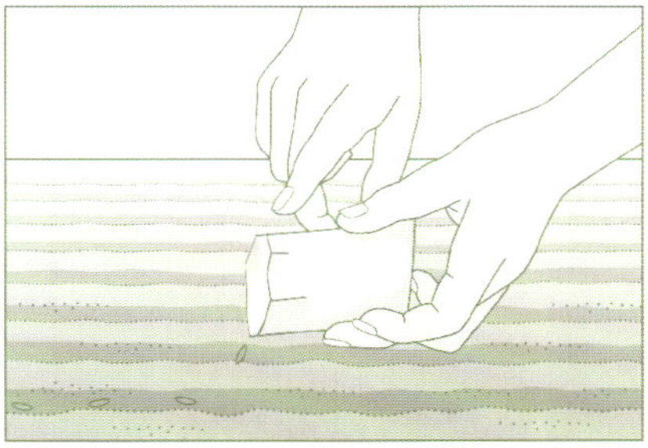

6 MARKIER- UND ZWISCHENSAATEN

Weil z. B. Möhren lange nicht keimen, markiert man die Reihen mit untergemischtem Samen von Pflücksalat, der erntefähig ist, wenn die Möhren sich entwickeln. In die Mitte von Reihen mit großem Abstand kann man Radieschen säen. Sämlinge in zu dicht gesäten Saatreihen müssen Sie vereinzeln.

7 ZÜGIG NACHSÄEN

Es darf ruhig etwas zügig zugehen im Gemüsebeet: Ernten Sie frühzeitig, damit die Fläche wieder frei wird. Die Fläche dann umgraben und möglichst früh die neuen Pflanzen säen oder pflanzen. Je mehr es gelingt, Ernte und Nachsaat bzw. Nachpflanzen zeitlich zu verschachteln, desto größer ist Ihr Anbauerfolg.

Gartenpflege – das hört sich nach Arbeit an? Sicher, aber die Gartenarbeit wird derzeit von immer mehr Menschen als etwas Kreatives entdeckt, das als eine Gegenwelt zu beruflichen Herausforderungen der eigenen Entspannung dient. Und anders als im Job, lässt sich die Gartenarbeit frei einteilen, trotz aller Erfordernisse, welche die Jahreszeiten mit sich bringen. Sehen Sie Ihre Gartenarbeit einfach als persönliche Begleitung des Wachsenden – egal ob Sie das ruhig oder mit Power angehen wollen!

Pflegen und vermehren

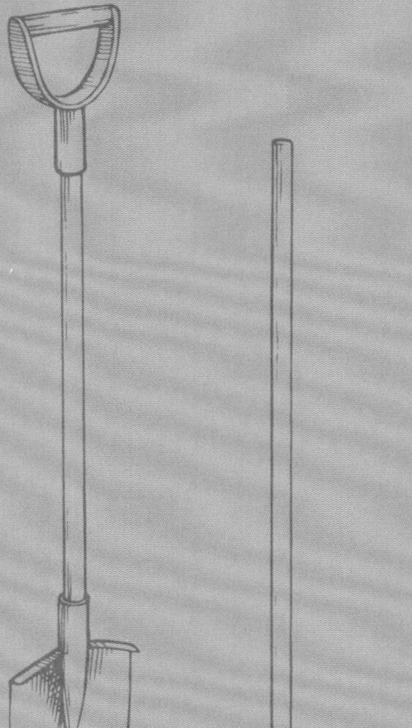

SCHLECHTE BÖDEN verbessern

Ein Beitrag zur Bodenpflege erspart oft die vielfache Arbeit in der Pflanzenpflege!

Der Boden nimmt all Ihre Gartenpflanzen auf-nimmt. Und nur in einem Boden, der für die jeweiligen Pflanzen optimal ist, können sie richtig gedeihen. Und gut gedeihende Pflanzen lassen Krankheiten nicht so schnell an sich heran. Bester Boden, das kann durchaus ein eher lehmiger oder eher sandiger Boden sein. Jedoch werden die Extreme zum Problem. Ganz und gar kritisch wird es, wenn der Boden verdichtet ist, sich Pfützen bilden und das Wasser stehen bleibt. Am besten wird ein Boden optimal vorbereitet, noch bevor die erste Pflanze in den Garten kommt. Nur in kleinem Maßstab können Sie im Nachhinein noch eingreifen und grundsätzliche Bodenprobleme abmildern.

UTENSILIEN

Schubkarre

Spaten

Sand

1 VERDICHTUNGEN AUFBRECHEN

Dies ist wichtig und wird mit der Grabegabel, dem Spaten oder zur Not auch mit der Spitzhacke getan! Die Verdichtungen sollten stets bis in tiefer liegende Bodenschichten durchbrochen werden, die wieder lockerer sind. Pflanzlöcher dürfen keine Gruben im verdichteten Boden sein!

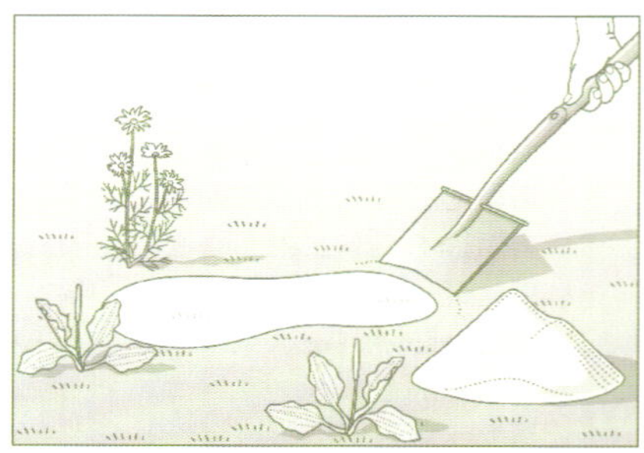

2 GUT FÜR LEHMBÖDEN

Um schwere Lehmböden geschmeidiger zu bekommen, bedient man sich der Hilfe des Frostes. Graben Sie bis Ende Oktober die Fläche grobschollig um. Im Winter gefrieren diese Schollen und zerfallen beim Auftauen. Über einige Jahre hinweg angewandt, wird der Effekt zunehmend spürbar.

3 LEHM MIT SAND LOCKERN

Zudem hat es sich bewährt, Lehmböden durch Beimengen von Sand geschmeidiger zu machen. Grobkörniger Sand wird auf der Fläche ausgebracht, im Herbst mit eingegraben und unterm Jahr oberflächig eingearbeitet. Bis zu einem Drittel Anteil Sand am Boden können so angewandt werden.

4 HUMUS MACHT FRUCHTBAR

Boden wird umso fruchtbarer, je mehr Bodenleben sich in ihm regt. Neben der Luft zum Atmen, die ein lockerer Boden zulässt, brauchen die Bodenorganismen Nahrung zum Zersetzen – z. B. Kompost. Daraus entstehen Humus- und Nährstoffe, die den Pflanzen zur Verfügung stehen.

5 AUFKALKEN NICHT VERGESSEN

Kalk ist ein wichtiger Pflanzennährstoff, der allzu oft aus dem Blickwinkel gerät. Er wirkt auf den Boden und macht in einem komplizierten Prozess andere Nährstoffe mehr oder weniger verfügbar. Etwa 50–100 g kohlensaurer Kalk – auf Lehmböden besser Branntkalk – gibt man pro Jahr.

6 GRÜNDÜNGUNG AUSSÄEN

Freie Beete, die längere Zeit nicht benötigt werden, sollten nicht ungenutzt liegen bleiben, da sie sonst verunkrauten. Besser ist es, die Böden mittels Gründüngung zu verbessern und zu lockern. Die Pflanzen wie Phacelia werden gezielt ausgesät und später als Humusdünger in den Boden eingearbeitet.

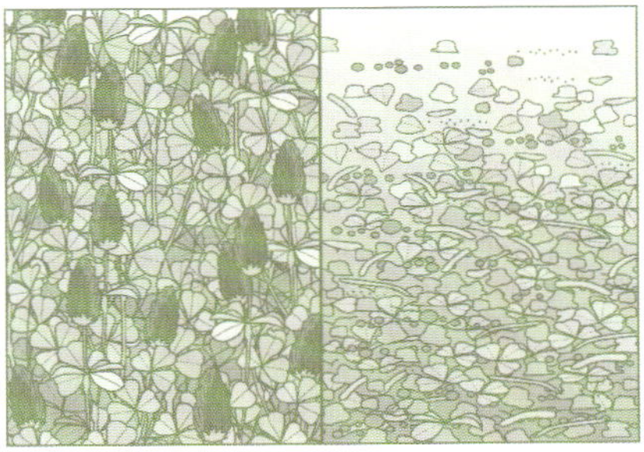

7 MULCH AUSBRINGEN

Mulchen hält den Boden feuchter und hindert Unkrautsamen am Keimen. Kompost, Rindenmulch oder Rindenkompost, aber auch Gras-Mähgut, solange es frei von Grassamen ist, kann als Mulchdecke zwischen den Gartenpflanzen dienen. Mulch wird 5–7 cm hoch auf gelockerten Boden aufgebracht.

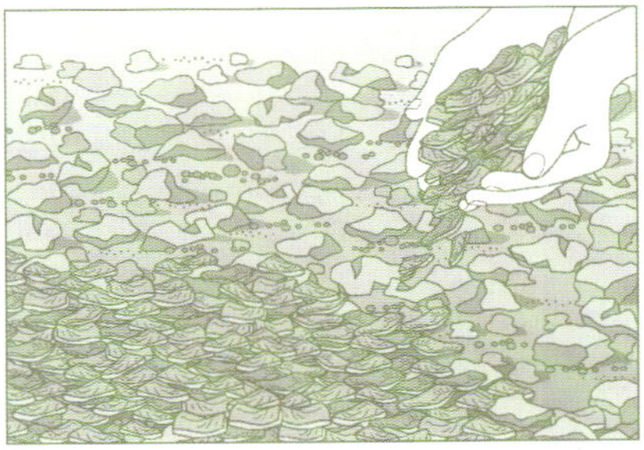

AUSSAAT | in Beet, Schale und Co.

Machen Sie von aufbewahrten, älteren Samen vor der Aussaat eine Keimprobe.

Bei hochwertigem Saatgut können Sie gleich alle Samen in ein Beet säen. Bei Pflanzen, die erst nach den Frösten – die bis Mitte Mai auftreten können – nach draußen gepflanzt werden dürfen, empfiehlt es sich, sie durch Aussaat in Haus oder Kleingewächshaus vorzuziehen.
Beachten Sie bei allen Aussaaten die Angaben auf der jeweiligen Samentüte. Denn jede Pflanzenart hat bei der Aussaat ihre speziellen Vorlieben: Einige Samen wollen obenauf liegen, andere mit Erde bedeckt sein. Faustregel: Doppelte Samendicke ist gleich Saattiefe.

UTENSILIEN

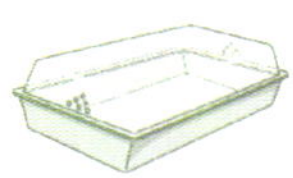
Aussaatschale

Torfquelltopf

Pikierstab

1 DIREKT INS BEET SÄEN

Die meistverbreitete Methode ist, den Samen gleich im richtigen Reihenabstand in das Beet zu legen. Der geeignete Reihenabstand ist auf der Samentüte angegeben. In der Reihe gilt: So dicht säen, dass die ausgewachsenen Pflanzen dicht an dicht, aber ihrer Größe entsprechend nicht gedrängt stehen.

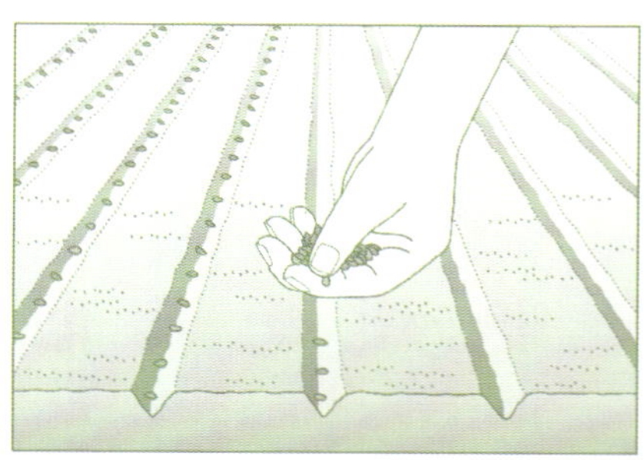

2 EFFIZIENTE FOLGESAATEN

Aussaat geschieht am laufenden Band. Das bedeutet, die ausgereiften Pflanzen – egal ob Gemüse oder Blumen – beizeiten zu ernten. Dadurch wird Beetfläche frei, die gleich wieder mit neuen Saaten belegt werden kann. So wird das Beet rund um das Jahr optimal ausgenutzt.

3 AUSSAAT IN DER SCHALE

Füllen Sie die Aussaatschale randvoll mit spezieller, leicht feuchter Aussaaterde. Streichen Sie die überschüssige Erde ab und drücken Sie die verbleibende sachte an. Verteilen Sie darauf die Samen gleichmäßig und nicht zu dicht. Danach mit Sprüher oder Brausekopf leicht anfeuchten.

4 SÄMLINGE PIKIEREN

Dank diesem Zwischenschritt wachsen kräftigere Pflanzen heran. Die Sämlinge werden, sobald die ersten Blätter, die den Keimblättern folgen, entwickelt sind, einzeln aus der Saatschale genommen, in der Wurzel auf etwa 2 cm gekürzt und in einen kleinen Blumentopf gepflanzt.

5 TORFQUELLTÖPFE

Um Pikieren zu umgehen, bietet sich die Aussaat in Torfquelltöpfe an, die Sie im Fachhandel erhalten. Dahinein werden die Samen gelegt; der Sämling hat von Anfang an einen Topf nur für sich. Außer bei teurer oder sehr großer Saat sät man besser 2–3 Körner und entfernt die schwächste(n) Pflanze(n).

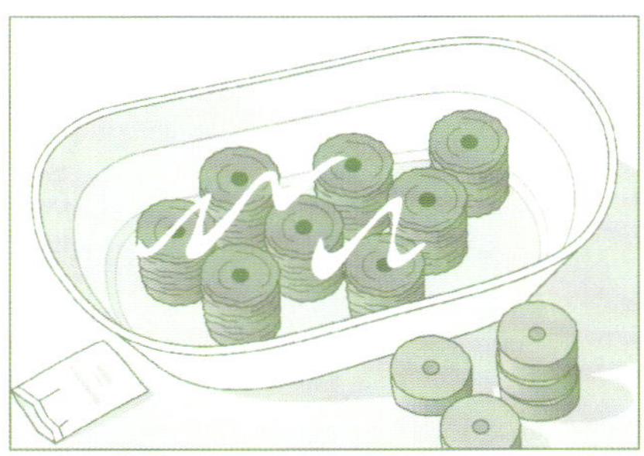

6 EIGENE SAMEN ERNTEN

Samen lassen sich aus ausgereiften Blütenköpfen und Samenkapseln selber ernten. Zerreiben Sie die getrockneten Fruchtstände in der Handfläche und blasen Sie vorsichtig alle Verunreinigungen fort. Die Samen bis zur Aussaat in dicht verschlossenen Gefäßen kühl und trocken aufbewahren.

UMGRABEN leicht gemacht

Beete mit einer Grabegabel umzugraben, schont die Regenwürmer erheblich.

Unbestritten ist, dass nur ein guter Boden gute Erträge liefern kann. Und ein guter Boden ist ein gepflegter Boden. Ob aber gerade das Umgraben des Bodens wichtig oder gar nötig ist, darüber streiten noch die Befürworter des ökologischen Landbaus mit denen des herkömmlichen Gartenbaus. Sie führen ins Feld, dass in der Natur keine Umschichtung des Bodens stattfindet. Ja, eben das sei sogar schädlich, weil es die Bodenschichten umstülpe. Ein Lüften des Bodens, etwa mit einem großen Kupferhaken (sogenanntem „Sauzahn") sei ausreichend. Wir stellen das Umgraben als klassische Methode a) den Boden zu lockern und b) Humus einzutragen, dennoch vor. Entscheiden Sie für sich, ob Sie es in Ihrem Garten anwenden möchten.

WERKZEUGE

Spaten

Grabegabel

Schubkarre

1 PASSENDE GERÄTE

Je nach Boden werden unterschiedliche Grabegeräte benutzt. Geht es um normale und um sandige Böden, verwendet man zum Umgraben einen Spaten. Eine Grabegabel kommt zum Einsatz, wenn die Böden lehmiger werden. Sie können Geräte mit T- oder D-förmigem Griff verwenden.

2 DIE FLÄCHE ABRÄUMEN

Alle erntereifen Pflanzen werden von der umzugrabenden Fläche entfernt. Pflanzen, die nicht mehr benötigt werden, können ausgegraben werden. Wo z. B. Unkraut zu groß geworden ist, können Sie es abmähen. Das Mähgut wird gesondert kompostiert, die Wurzeln werden mit dem Boden untergehoben.

3 GARTENABFÄLLE VERTEILEN

Um Gartenabfälle zügig einarbeiten zu können, gibt es zwei Möglichkeiten. Entweder Sie stellen sich das Material in einer Karre parat, aus der Sie nach Bedarf entnehmen. Oder Sie legen sich in passenden Abständen die Gartenabfälle so zurecht, dass Sie sie von dort aus in die Furche schaffen.

4 DIE ERSTE FURCHE

Beginnen Sie mit dem Umgraben so, dass Sie am Ende problemlos das Beet verlassen können. Entlang der Beetfläche zunächst die erste, einen Spaten tiefe Furche ausgraben. Die frei werdende Erde auf eine Schubkarre werfen und am Beetende lagern, um damit die letzte Furche wieder zu verschließen.

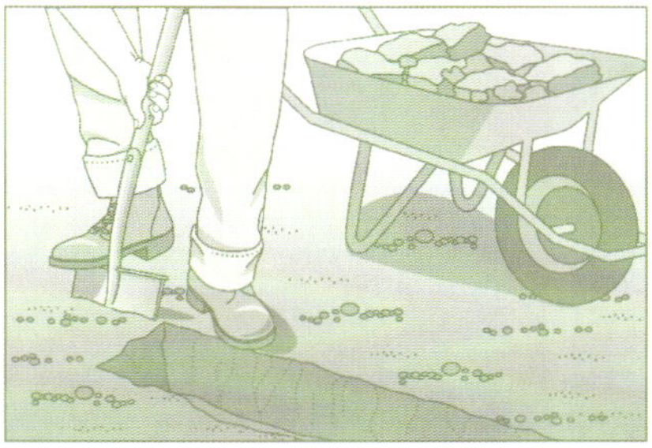

5 SCHOLLEN RICHTIG WENDEN

Einen Spaten tief Erde abstechen, anheben und die Scholle so in die Furche gleiten lassen, dass die ehemalige Beetoberfläche unten in der Furche zu liegen kommt. Alle gewendeten Schollen sollen schindelartig dicht an dicht liegen. Die umgegrabene Beetoberfläche soll möglichst eben sein.

6 „RIGOLEN" – SO FUNKTIONIERT'S

Der Boden wird so gleich mehrere Spatenstiche tief gelockert – wichtig bei verdichteten Böden. Dabei geht man systematisch in drei Schritten vor, so wie es die Skizze verdeutlichen soll. Mit der Lockerung werden die Bodenschichten zugleich gegeneinander ausgetauscht.

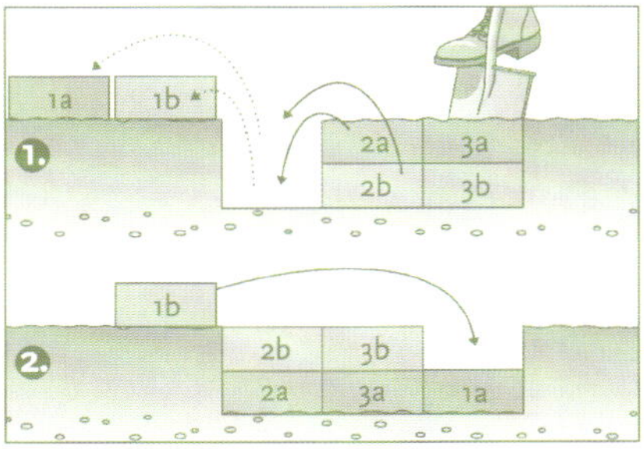

7 NICHT UNTER FLACHWURZLERN GRABEN

Es gibt Beetbereiche, in denen man tunlichst nicht umgraben sollte. Das ist überall dort, wo flach wurzelnde Pflanzen in ihren Bodenorganen verletzt werden könnten – unter Nadelgehölzen, in Rhododendronbeeten etc. Vorsicht geboten ist auch dort, wo Blumenzwiebeln wachsen.

STAUDEN | teilen und kräftigen

Setzen Sie Staudenteile so, dass das Beet nach zwei Jahren dicht begrünt ist.

Stauden werden nicht nur geteilt, um sie zu vermehren und um Jungpflanzen zu erhalten. Für einige Arten wie die Gartenmargeriten ist es ein wahrer Jungbrunnen, geteilt zu werden. Denn bei alten Pflanzen ist – etwa nach drei Jahren – zu beobachten, wie sie statt eines dichten Horstes einen Kranz bilden, der nach innen zu verkahlt. Die Stauden können bereits ab Mitte September aufgenommen und geteilt werden. Denn geschieht diese Arbeit früh im Herbst, können die umgepflanzten Teilstücke bis zum Winter noch gut einwurzeln. Im Frühjahr sollte das Teilen der Stauden bis Anfang April abgeschlossen sein.

WERKZEUGE

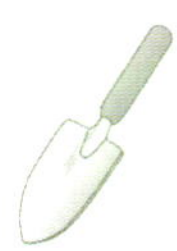

Pflanzkelle

Grabegabel

Spaten

1 STAUDEN AUSGRABEN

Kleinere Stauden mit dem Spaten, besser noch mit der Grabegabel, unterfassen und aus dem Boden herausheben. Mehrjährige, meist größere Pflanzen mit Spaten oder Grabegabel rundum umstechen, wobei die Staude bereits leicht hochgedrückt wird. Gut gelockert, lässt sie sich besser aufheben.

2 MARGERITEN TEILEN

Die meisten Stauden lassen sich ganz unkompliziert mit dem Spaten zerteilen. Den Wurzelballen einfach in Hälften, Viertel oder Achtel stechen und die Teilstücke wieder einsetzen, nachdem sie von den beim Abstechen grob zerstörten Partien gesäubert wurden.

3 IRIS RICHTIG ZERTEILEN

Etwas aufwendiger ist das Zerteilen bei der Iris. Hier werden aus dem gesamten Wurzelstock Teilstücke herausgeschnitten. Von denen werden die Wurzeln um die Hälfte eingekürzt, ebenso die Blätter. Vor dem Einsetzen lässt man die Schnittwunden gut antrocknen – so entsteht seltener Fäulnis.

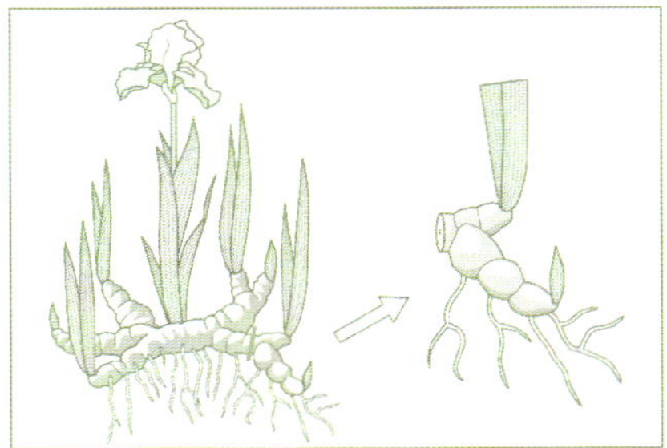

4 NEUEN STANDORT VORBEREITEN

Den neuen Standort der Stauden tiefgründig lockern. Die Ansprüche der Pflanzen an den Boden beachten und entsprechend wenig oder viel Kompost zur Bodenverbesserung beigeben: Steingartenstauden z. B. benötigen weniger Humus, Dünger und Feuchtigkeit als üppige Beetstauden.

5 MARGERITEN TIEFER EINSETZEN

Die geteilten Stauden werden, je nach Art, unterschiedlich tief in den Boden gesetzt – Margeriten z. B. etwa 2 cm tiefer, als sie zuvor im Boden waren. Steinkraut, Seifenkraut, Thymian und weitere Steingartenpflanzen können ebenfalls tiefer gesetzt werden – so bewurzeln ihre Zweige.

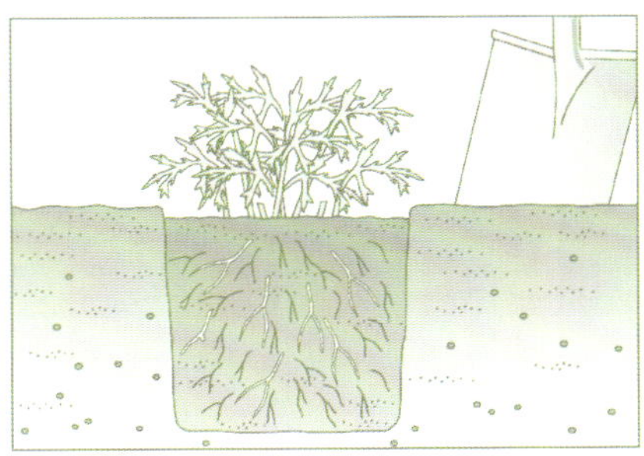

6 IRIS HOCH EINSETZEN

Bei anderen Stauden lässt man die Knospen aus dem Boden schauen, z. B. bei Pfingstrosen, Rittersporn, Geißbart. Die Wurzeln der Iris werden ebenfalls recht hoch gepflanzt: Nur die untere Hälfte der Wurzelstücke wird eingegraben. Hoch gepflanzte Stauden anfangs ausreichend feucht halten.

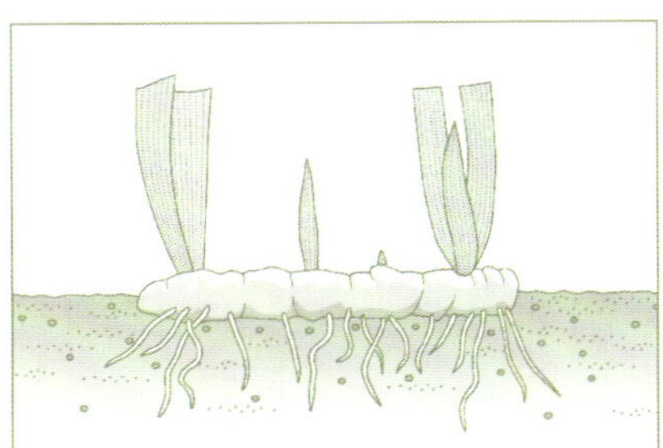

OBSTBÄUME | formieren

Werden Obstgehölze nicht geschnitten, nimmt die Fruchtqualität bald ab.

Obstbäume sollten geschnitten werden, weil die Fruchtqualität ungeschnittener Obstgehölze schon nach wenigen Jahren rapide nachlässt: Es bilden sich vermehrt kleinere Früchte, die zudem nicht optimal ausreifen und somit weniger aromatisch bleiben. Sinn und Zweck des Obstanbaus im eigenen Garten werden dadurch unterwandert. Verfolgen Sie konsequent den Pflanzschnitt, den Kronenerziehungsschnitt und später den Erhaltungs- und Verjüngungsschnitt, so entsteht am Obstbaum eine Wachstumsdynamik, die gute Erträge verheißt. Haben Sie den Mut, Obstgehölze schneiden zu lernen! Vor allem: Beobachten Sie, wie die Pflanze auf Ihre unterschiedlichen Schnittvarianten reagiert – das ist der beste Lehrmeister.

WERKZEUGE

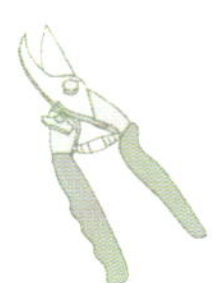

Gartenschere

Astschere

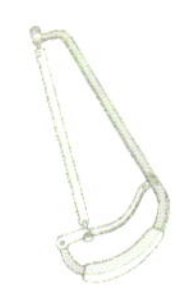

Bügelsäge

1 APFELBUSCH, UNGESCHNITTEN

Etwa so, wie hier abgebildet, erhalten Sie Ihren jungen Baum – hier ist es ein Apfelbusch – in der Baumschule oder im Gartencenter. Im Pflanzcontainer verkaufte, mitunter schon ältere Pflanzen sollten bereits erkennbar geschnitten sein und einen beginnenden Kronenaufbau zeigen.

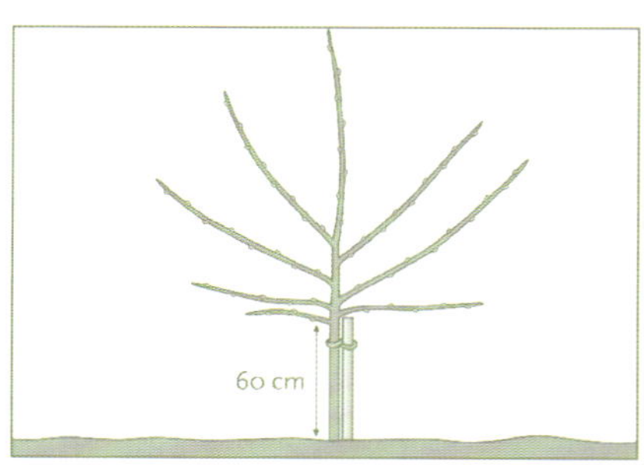

2 DER PFLANZSCHNITT

Bei Äpfeln und Birnen werden 3–5 gleichmäßig um den Mitteltrieb verteilte Zweige als „Leitäste“ belassen. Die verbleibenden kürzen Sie auf 5–7 Knospen so ein, dass diese Knospen sich alle auf gleicher Höhe befinden. Der Mitteltrieb wird so gekürzt, dass zu den Leitästen ein 35-Grad-Winkel entsteht.

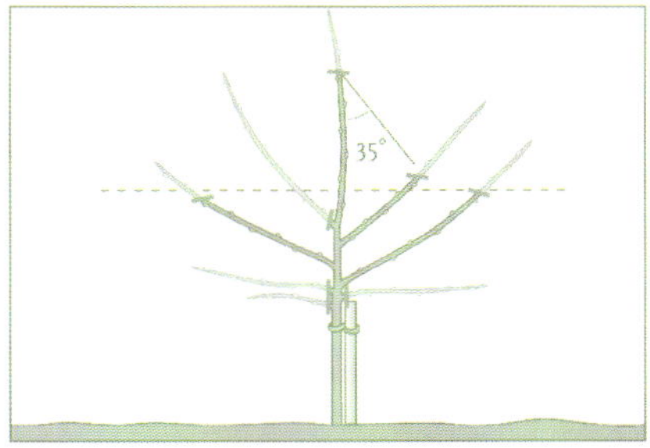

3 TRICHTERKRONE BEI STEINOBST

Bei Pflaumen, Zwetschen, Renekloden, Aprikosen, Pfirsichen und Sauerkirschen arbeitet man gerne ohne einen Mitteltrieb. Diesen entfernen und 3–5 gleichmäßig verteilte Leitäste belassen. Eine trichterförmige Krone entsteht, in die das Licht besser hineingelangt.

4 SCHLANKE SPINDELN

Der Mitteltrieb dieser Buschbäume wird gefördert, Seitenäste werden flach gespannt und kurz gehalten. Zweigpartien, die getragen haben, werden zugunsten neuer, noch tragender Zweige zurückgeschnitten. Am Mitteltrieb werden die oberen sechs Knospen entfernt, die anderen belassen.

5 STABILES ASTGERÜST

Nach mehreren Jahren konsequenten Schnittes, werden sich die anfangs belassenen Leitäste deutlich verstärkt haben. Die stabile Baumkrone wird sichtbar. Es sollte erkennbar sein, dass der Stamm die Leitäste trägt, diese sind Stützäste, von denen die Frucht tragenden Zweige abgehen.

6 ALTEN BAUM VERJÜNGEN

Damit alte Bäume noch einmal zu kräftigem Triebwachstum angeregt werden, kann man ihre Kronen sehr stark zurückschneiden. Darauf erfolgt ein sehr starker Austrieb. Die jungen Ruten werden zur Erziehung der neuen Krone verwendet. Der Neuaufbau der Baumkrone benötigt etwa 3–5 Jahre.

HECKEN – sommergrün oder immergrün

Akku-Heckenscheren verhindern es, versehentlich in das Kabel zu schneiden.

Der richtige Schnitt macht Hecken dicht! Denn er regt den Austrieb an und zugleich die Verzweigung. Gemeinhin gilt als der beste Schnitttermin etwa Anfang Juni. Mit dem sogenannten Johannistrieb erfolgt dann Ende Juni ein erneuter Austrieb. Der kann gegen Herbst noch einmal nachgeschnitten werden. Ein Heckenschnitt im Juli kann – das ist nur bei fertig formierten Hecken sinnvoll – einen Schnitt ersparen.
Um die Neigung der Heckenseiten zu ermitteln, gibt es eine Faustregel für das richtige Maß:
Pro 10 cm Höhe wird die Hecke 1 cm schmaler.
Eine 1 m hohe Hecke, die oben 20 cm breit sein soll, misst unten demnach 20 cm plus links und rechts je 10 cm Breite.

ZUBEHÖR

Gehörschutz

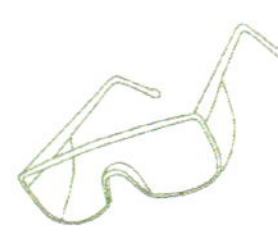
Schutzbrille

Heckenschere

1 GLEICHE SCHNITTHÖHE EINMESSEN

Sie lässt sich leicht mit einer in der gewünschten Höhe über der Hecke gespannten Schnur markieren. Damit die Schnur nicht durchhängt, setzt man Stäbe in kurzem Abstand. Bei fertig formierten Hecken ist die Höhe deutlich erkennbar – nur noch der Zuwachs wird entfernt.

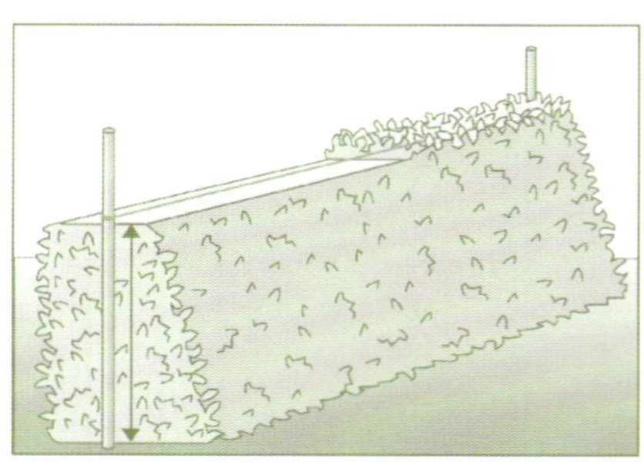

2 SEITENSCHNITTLINIE FESTLEGEN

Damit die Sonne die unteren Zweige erreicht – nur so verkahlen sie nicht –, müssen Hecken oben schmaler, unten breiter sein. Zwei Latten, im passenden Winkel miteinander verschraubt, helfen, die seitliche Schnittlinie einzuhalten. Bei älteren, fertig formierten Hecken erkennt man sie besser.

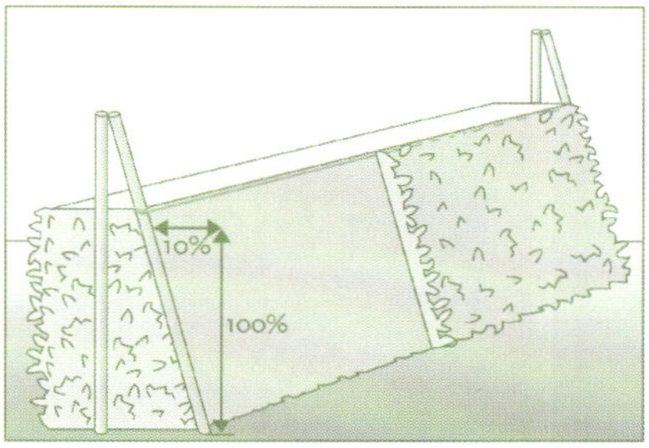

3 ELEKTRISCHE HECKENSCHEREN

Sie sind nützlich, können aber bei falscher Handhabung zur Gefahr werden. Tragen Sie bei der Arbeit mit solchen Geräten eng anliegende Kleidung. Legen Sie die Kabel um den Körper oder verwenden Sie spezielle, die Schnur von den Klingen fernhaltende Gürtelhaken.

4 DEN HECKEN ZEIT GEBEN

Dichtere Laubholzhecken von Buchen, Hainbuchen oder Liguster erzielen Sie, indem Sie die Zielhöhe nicht zu schnell anstreben. Den jährlichen Zuwachs stets um mindestens die Hälfte zurückschneiden. „Schnelle“ Hecken werden oft schütter oder transparent, sie verkahlen leichter.

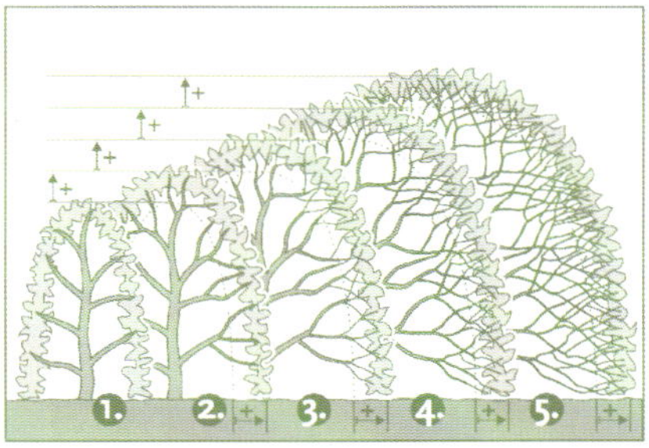

5 ALTE HECKE RENOVIEREN

Liguster- und andere Strauchhecken werden bis kurz über dem Boden abgeschnitten und neu aufgebaut. Bei Hainbuchenhecken bleibt nur noch der Stamm stehen. Thujen werden in zwei Etappen verjüngt: Entlang der Längsachse eine Seite entfernen, nach dem Neuaustrieb dann die zweite Seite.

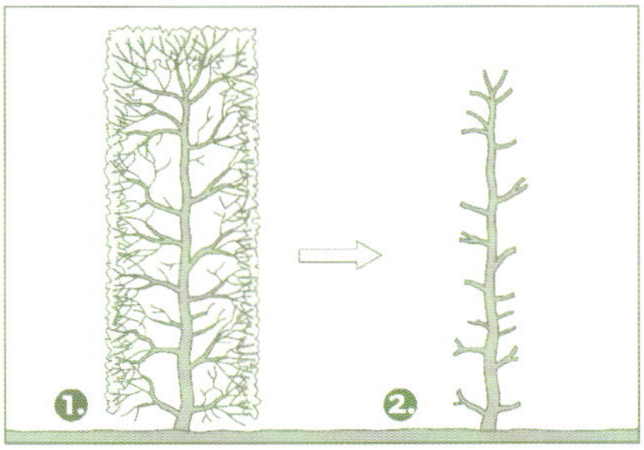

6 KIEFERNHECKEN ENTSPITZEN

Kiefernhecken können nicht einfach mit der Heckenschere gekürzt werden, weil dabei Zweigstümpfe entstehen, die nicht mehr austreiben können. Daher werden die jungen Triebe (die „Kerzen“) etwa um die Hälfte abgebrochen, sobald sie ausgewachsen sind und die Nadeln sprießen.

ROSEN | pflanzen und pflegen

Rosen werden vor dem Frost mit Erde angehäufelt!

Rosen bezeichnet man nicht ohne Grund als Klassiker unter den Gartengehölzen. Ihre Anmut ist überall im Garten ein Blickfang. Wer Schnittrosen ernten möchte, der ist am besten mit den sogenannten Tee-Hybriden oder Edelrosen beraten. Für flächige Beeteffekte verwenden Sie besser Beetrosen oder Bodendeckerrosen. Die gibt es in unterschiedlich stark wachsenden Sorten und jeweils in vielen Farbnuancen. Zur Auswahl bedienen Sie sich daher besser der Fachberatung in Ihrer Baumschule oder Ihrem Gartencenter. Strauch- und Wildrosen werden wie Ziersträucher verwendet. Kletterrosen begrünen Wände und Pergolen. Oder sie werden in Bäume und Sträucher hineingepflanzt. Beliebter Rosenpartner: die Waldrebe (Clematis).

ZUBEHÖR

Eimer

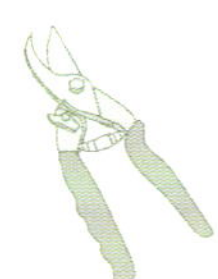

Gartenschere

Spaten

1 ROSEN PFLANZEN

Veredelte Rosen weisen über ihren Wurzeln eine Verdickung, die Veredlungsstelle, auf: Diese sollte nach dem Pflanzen 5 cm tief unter der Erde sein. Hochstammrosen haben eine Verdickung oberhalb der Wurzeln – sie muss oberhalb der Erde bleiben. Rosen aus Stecklingen sind nicht veredelt.

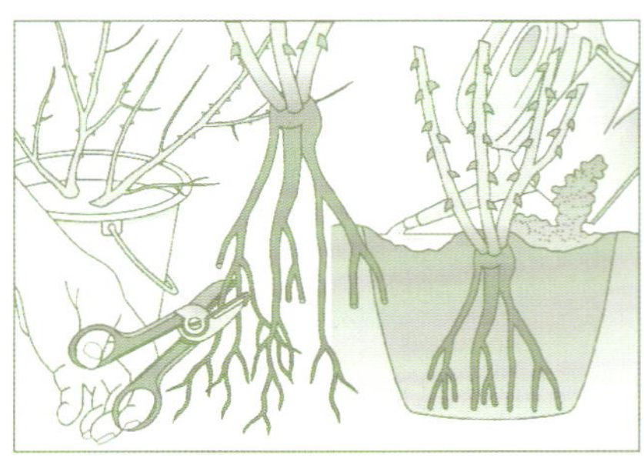

2 BEETROSEN SCHNEIDEN

Zu ihnen zählen im Wesentlichen Tee-Hybriden und Polyantha-Hybriden. Bei ihnen wird Verblühtes entfernt (siehe Schritt 5), im Spätherbst erfolgt zudem der Rückschnitt um ein Drittel. Erst Anfang April werden die Sträucher ausgelichtet. Haupttrieben bleiben 5–7 Knospen, Nebentrieben 3–5 Knospen.

3 BODENDECKERROSEN SCHNEIDEN

Sie werden weniger streng und mit Rücksicht auf ihre Wuchsstärke geschnitten. Stärker wachsenden Sorten kann man das Verblühte belassen und die Hagebutten genießen. Ansonsten erfolgt der Herbstrückschnitt wie bei den Beetrosen. Im Frühjahr findet nur noch ein Auslichtungsschnitt statt.

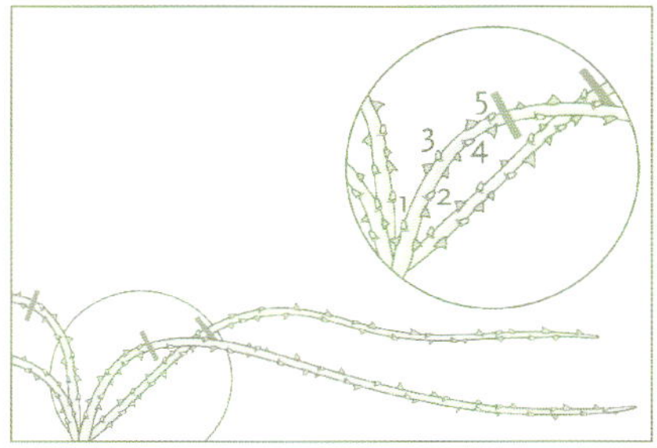

4 KLETTERROSEN SCHNEIDEN

Bei ihnen werden die bodenbürtigen Triebe fächerförmig angebunden. Die daran entstehenden Seitentriebe werden im Frühjahr auf etwa fünf Knospen eingekürzt. Verblühtes wird entfernt (siehe Schritt 5.). Alte Ruten werden rechtzeitig durch junge, kräftige, aus dem Boden sprießende ersetzt.

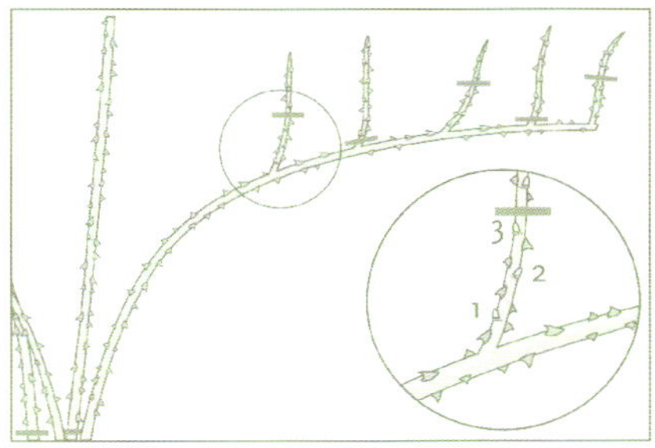

5 VERBLÜHTES ENTFERNEN

Es reizt, bei verblühten Rosen nur die welken Blütenstände zu entfernen. Aber das ist falsch. Man entfernt mit den alten Blüten zugleich mindestens die nächstfolgenden beiden Fiederblätter, um kräftigen Neuaustrieb zu erhalten. Wildrosenblüten belässt man, um Hagebutten zu erzielen.

6 STÄMMCHEN ÜBERWINTERN

Rosenstämmchen schützt man mittels Haube aus Vlies oder Umwickeln mit Fichtenzweigen vor Frösten. Das Umbiegen der Stämme und Eingraben der Krone ist heute nicht mehr üblich – die Stämme brechen beim Umbiegen zu leicht. Besonders, wenn man sie nicht über die Verdickung oberhalb der Wurzeln hinweg, sondern zur Seite hin biegt!

7 BLOSS NICHT (!) SPRITZEN

Berüchtigte Rosenkrankheiten sind der Mehltau (weißer Belag), der Sternrußtau (schwarze, gelbrandige Flecken) und der Rosenrost (orangefarbene Flecken). Um nicht mit Spritzmitteln vorgehen zu müssen, pflanzen Sie bevorzugt sogenannte ADR-Rosen. Diese sind deutlich gesünder. Das haben sie in speziellen Prüfungen bewiesen.

TÖPFE UND KÄSTEN bepflanzen

Gefäße mit einem Wasserreservoir verringern den Aufwand für das Gießen.

Damit bepflanzte Blumenkästen, Kübel und Blumentöpfe ihre ganze Pracht entfalten können, gibt es einiges zu beachten. Das beginnt mit der Gefäßauswahl: Kunststoffgefäße sind leichter zu transportieren, Gefäße aus Terrakotta oder Steingut müssen frostfest sein, wenn sie über Winter draußen bleiben können sollen. Achten Sie stets auf ein geöffnetes Wasserabzugsloch, aus dem überschüssiges Wasser entweichen kann. Damit das Wasser keinen Schaden anrichtet, stellen Sie die Gefäße auf Untersetzer. Übrigens: Übertöpfe können zur Wasserfalle werden. Entfernen Sie nach Regenschauern das Wasser, welches sich in ihnen angesammelt hat. Andernfalls können die Pflanzen unter Umständen ertränkt werden.

ZUBEHÖR

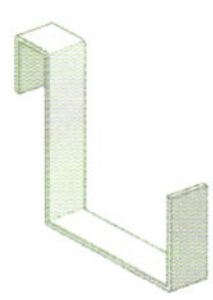

Aufhängung

Vlies

Pflanzschaufel

1 DRAINAGE EINBAUEN

Je nach Gefäßhöhe gibt man zunächst eine 5–10 cm hohe Drainageschicht in das Behältnis. Bewährt hat sich vor allem gebrochener Blähton. Darüber legt man ein Vlies. Die Drainage liefert Feuchtigkeit nach, hält aber ein Zuviel an Wasser von den Wurzeln fern.

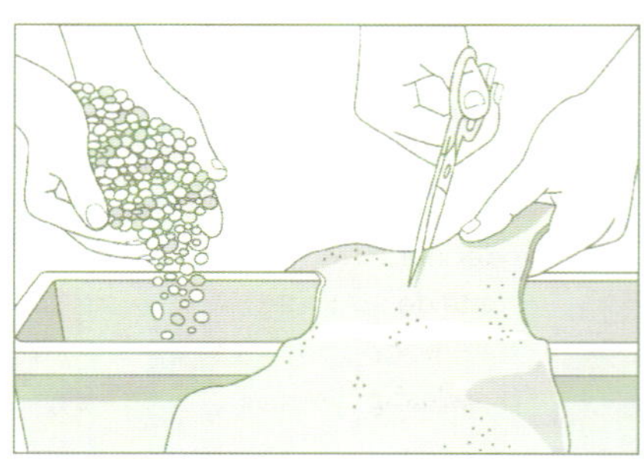

2 PFLANZEN ZUSAMMENSTELLEN

Passende Pflanzen wollen in erster Linie die gleichen Lebensbedingungen, z. B. einen sonnigen oder schattigen Platz, viel oder wenig Wasser. Es bedeutet aber auch, optisch ein attraktives Bild zu ergeben. So müssen Wuchsformen, Blatt- und Blütenfarben zueinander passen.

3 LANGZEITDÜNGER BEIMENGEN

Qualitätsblumenerden sind bereits so mit Dünger angereichert, dass Ihre Pflanzen etwa 6–8 Wochen ausreichend versorgt sind. Damit der Dünger für die Pflanzen bis zum Herbst ausreicht, am besten Langzeitdünger in die Erde geben. Das erspart Ihnen, regelmäßig nachdüngen zu müssen.

4 PFLANZEN EINSETZEN

Setzen Sie die Pflanzen so ein, dass die Erdballen gut 1 cm mit Erde bedeckt sind. Auf genügend Abstand der Pflanzen untereinander achten. Wenn Sie vor größere Pflanzen wie Geranien hängende wie z. B. Lobelien setzen, „auf Lücke“ pflanzen, also vor den Zwischenraum zweier Geranien.

5 GIESSRAND ERSTELLEN

Beachten Sie beim Befüllen der Gefäße mit Blumenerde, dass unterhalb des Gefäßrandes ein freier Raum von etwa 2 cm verbleibt – der sogenannte Gießrand. Der verhindert beim Gießen, dass mit dem Wasser Erde aus dem Gefäß gespült wird und dadurch Verunreinigungen verursacht werden.

6 AUF VERKEHRSSICHERHEIT ACHTEN

Ihnen obliegt die Verkehrssicherungspflicht für Pflanzgefäße, die Sie aufstellen. Achten Sie darauf, dass sie sicher stehen, nicht um- oder herabfallen können. Auch dann nicht, wenn der Zuwachs die Kästen vornüber zieht oder größer werdende Kübelpflanzen „kopflastig“ werden.

WINTERVOR-BEREITUNGEN treffen

Viele Gärtner bieten die Profi-Überwinterung wertvoller Kübelpflanzen an.

Neben Reizen wie mit Reif oder Schnee behangenen Zweigen, Winterblühern und attraktiven Koniferen, die er bietet, verlangt der Winter nach einigen speziellen, schützenden Arbeiten. Diese betreffen die Pflanzen im Garten, aber auch die Gerätschaften. Ab Oktober und bis in den Mai hinein muss in unseren Breiten mit Frost gerechnet werden. Seien Sie besonders wachsam in der kritischen Zeit ab Ende Januar, Anfang Februar, wenn die sogenannten „Barfröste" die Pflanzen austrocknen. Um diese Zeit fehlt oft eine schützende Schneedecke. Die ungeschützten Pflanzen verdunsten im wieder stärker werdenden Sonnenschein Wasser, das der Boden nicht nachliefern kann, weil das Wasser dort gefroren ist. Fazit: Die Pflanzen vertrocknen in der Wintersonne.

ZUBEHÖR

Sackkarren

Vlies

Rechen

1 PFLANZEN ZURÜCKSCHNEIDEN

Rosen, Sommerflieder und Bartblume werden vor dem Winter etwa ein Drittel zurückgeschnitten. Alle Triebe entfernen. Der exakte Schnitt erfolgt erst im Frühjahr. Ein zu starker Rückschnitt im Herbst könnte, folgt ihnen ein strenger Winter, die Pflanze zum Absterben bringen.

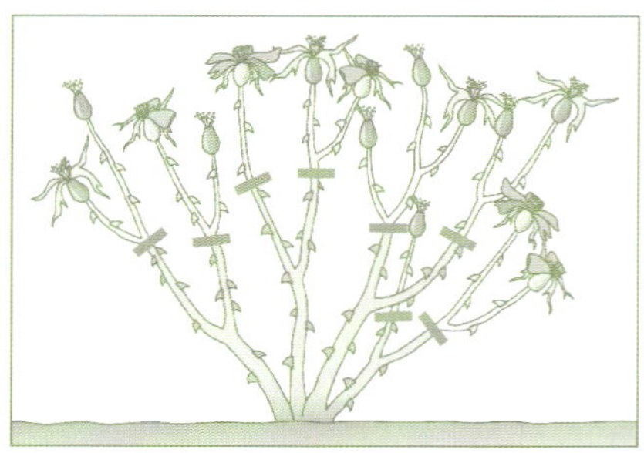

2 LAUB EINSAMMELN

Das Laub im Herbst zusammenzuharken, das lohnt so recht erst nach den ersten Frösten. Denn dann rieselt es fast komplett von den Gehölzen. Ansonsten fallen mehrere Arbeitsgänge an. Früher zu kehren, macht aber dann Sinn, wenn feuchte Witterung das glitschige Laub zur Gefährdung werden lässt!

3 FREILANDPFLANZEN ABDECKEN

Empfindliche Pflanzen werden vor Frost geschützt. Stauden werden mit einer Lage Laub bedeckt, Sträucher mit Fichtenzweigen behangen, Rosen mit Erde angehäufelt. An stark windigen Stellen schützende Rohrmatten aufstellen. Droht von der Straße her salzhaltiges Spritzwasser, zudem schützende Folie spannen.

4 KÜBELPFLANZEN EINRÄUMEN

Alle frostempfindlichen Kübelpflanzen vor dem Frost ins Haus räumen. Dabei können die stark wachsenden Arten leicht zurückgeschnitten werden. Darauf achten, dass die Pflanzen schädlingsfrei eingewintert werden, sonst überwintern zusammen mit den Pflanzen auch deren Schädlinge.

5 WINTERGEMÜSE SCHÜTZEN

Die meisten Gartenpflanzen noch vor dem Frost abräumen. So auch Knollenpflanzen (z. B. Dahlien) ins Haus holen. Ausnahmen bilden Pflanzen, die erst im Winter geerntet werden können. Sie werden in rauen Lagen lediglich mit Vlies abgedeckt. Rosen- und Grünkohl erst nach Frost ernten.

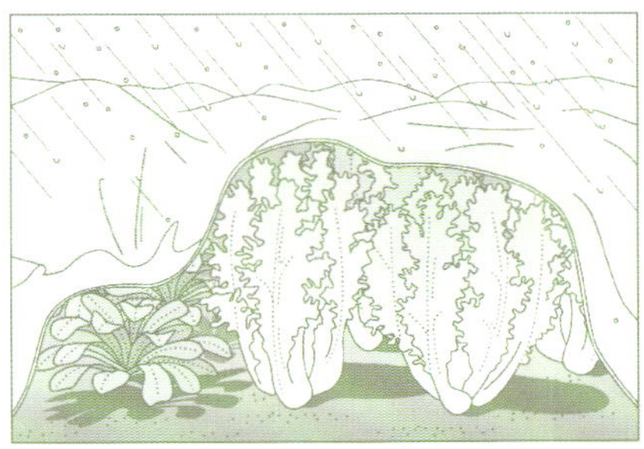

6 WASSERLEITUNGEN ENTLEEREN

Bevor sie platzen: Denken Sie daran, ins Freie reichende Hauswasserleitungen, alle Bewässerungsstränge in Rasen, Gartenbeeten sowie auf Balkon und Terrasse vor dem Frost zu entwässern. Erst wenn im Frühjahr die Frostgefahr gebannt ist, die Leitungen wieder anschließen und sogleich entlüften.

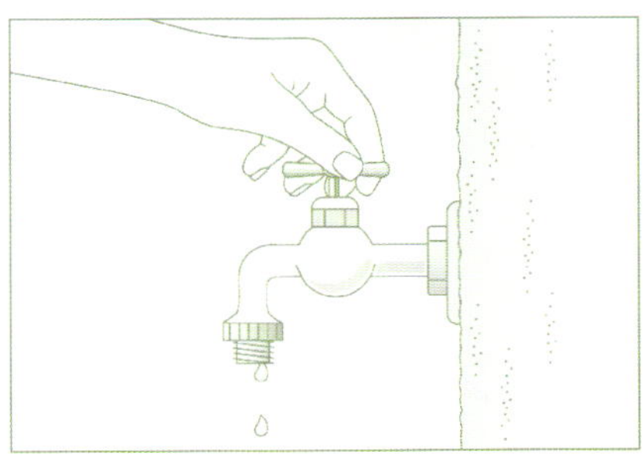

7 GARTENGERÄTE EINWINTERN

Schlechtes Herbstwetter verleitet dazu, benutzte Geräte auf die Schnelle ungereinigt bis zum Frühjahr wegzustellen. Besser und billiger ist es aber, die Geräte durch gründliches Abwaschen von Schmutz zu befreien. Die Metallteile der trockenen Geräte werden dann mit einem Lappen eingeölt. Das schützt vor Rost.

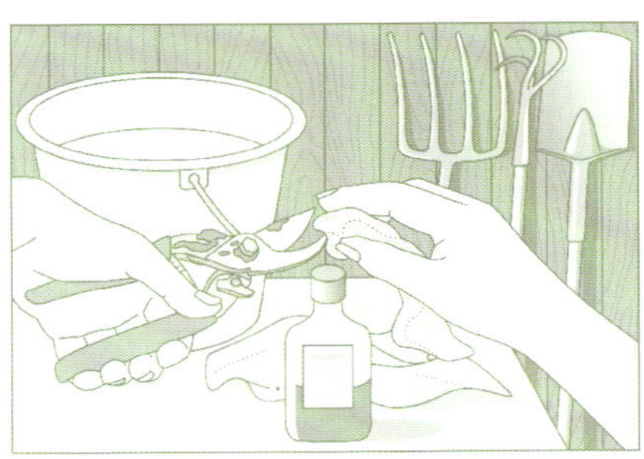

JAHRESKALENDER

Etwa 1,5 Stunden pro Quadratmeter Gartenfläche und Jahr sollten Sie als benötigte Zeit für Gartenarbeit einplanen. Dieser Erfahrungswert ist natürlich nur eine Faustzahl, die sich je nach Jahreszeit, Gartenausstattung, nötiger Pflegeintensität und nach dem Maßstab an geordneter Strenge ausrichtet, die Sie verwirklicht sehen möchten. Die Gartenarbeit lässt sich durch professionelles Gerät, wo es lohnt auch durch den Einsatz von Motorgeräten, vereinfachen. Praktisch ist zudem eine automatische Bewässerung von Balkonkästen, Kübeln und sogar Beeten mit Hilfe eines Bewässerungscomputers bzw., noch besser, eines Tropfblumates. Das erleichtert die Gießarbeit spürbar.

AM ANFANG DES GARTENJAHRES STEHEN DIE NEUEN IDEEN	
Januar	Jetzt ist es Zeit, die Gartenkataloge zu bestellen, sie zu sichten und die Pläne für das neue Gartenjahr zu schmieden. Wintergemüse können noch geerntet werden. Frostfreie Tage eignen sich gut für den Gehölzschnitt im Obst- wie im Ziergarten. Sind Fische im Gartenteich, so sollte rechtzeitig an einen Eisfreihalter gedacht werden. Bei Frost und leichtem Schneeüberzug den Rasen nicht betreten, sonst entstehen später braune Flecken. Kontrollieren Sie gegen Monatsende die Pflanzen im Überwinterungsquartier auf Schädlinge.
Februar	Jetzt sollten Ihre Gartenpläne zum Abschluss kommen, die Einteilungen der Gemüsebeete sollten vorbereitet sein. Zum Monatsanfang werden noch im Haus bereits Tomaten und Paprika ausgesät. An sonnigen, schneefreien Wintertagen werden die Rhododendren und andere Immergrüne auf Trockenheit überprüft und nötigenfalls gegen Sonne geschützt. Gegen Monatsende können Puffbohnen bereits im Freiland ausgesät werden, der Gehölzschnitt wird allmählich abgeschlossen. Jetzt werden auch die Zimmerpflanzen, die Kübelpflanzen und die überwinterten Sommerblumen umgetopft.
März	Es werden im Haus weitere Gemüse ausgesät und gegebenenfalls pikiert. Der Garten wird auf Winterschäden kontrolliert, die sogleich ausgebessert werden. Die Beete können, mit Rücksicht auf noch nicht erkennbare Blumenzwiebeln, mit dem Krail gelockert werden. Im Gemüsebeet können frühe Salat- und Radieschensorten unter Folie ausgesät werden. Um die Monatsmitte herum sollten alle Rosen geschnitten sein. Sommerblumen und Kübelpflanzen jetzt heller und wärmer stellen. Der Filter des Gartenteiches wird wieder eingebaut.
April	Zu Monatsbeginn findet – das aber mit Rücksicht auf den ersten Laich – die Generalreinigung am und im Wassergarten statt. Im Freiland können weitere Gemüse und Kräuter ausgesät werden. Im Ziergarten sollten Pflanzungen von Gehölzen und Stauden zum Ende kommen. An warmen Tagen werden Gemüsejungpflanzen, Sommerblumen und die Kübelpflanzen zum Abhärten ins Freie gestellt und abends wieder hereingeräumt.

FÜLLE UND FREUDE PRÄGEN DAS BILD DES GARTENSOMMERS	
Mai	Mit dem Monatsbeginn wird der Rasenschnitt wieder aufgenommen, ebenfalls die Düngung des Gartens – aber nur dort und nur so viel, wie gerade nötig. Ab der Monatsmitte ist praktisch kein Frost mehr zu erwarten: Jetzt werden alle überwinterten Pflanzen nach langsamem Umgewöhnen ins Freie geräumt. Ebenso werden nun die frostempfindlichen, im Haus angezogenen Gemüsejungpflanzen nach draußen gepflanzt. Erdbeeren und frühe Gemüse werden bereits geerntet.
Juni	Nach dem Welken (Einziehen) der Blumenzwiebeln können diese nun ausgegraben, gereinigt und bis zum Herbst in einem Zwiebelbeutel trocken und luftig gelagert werden. Weiter finden Ernte und Folgeaussaat von Gemüse und Kräutern statt. Mit dem 21. Juni endet die Spargelernte. Spätestens gegen Monatsende an den Heckenschnitt denken.
Juli	Zum Monatsanfang reifen Johannis- und Stachelbeeren. Die Ernten und Folgeaussaaten im Gemüse- und Kräutergarten gehen weiter. Jetzt müssen bereits die Aussaaten der Herbstgemüse wie Chinakohl, Grünkohl und Endiviensalat vorgenommen werden. Zum Monatsende reifen die Aprikosen und die allerersten Birnen und Pflaumen. Mit dem Monatsende sollte das Düngen eingestellt werden.

FÜLLE UND FREUDE PRÄGEN DAS BILD DES GARTENSOMMERS

August	Vor dem Urlaub werden alle erntefähigen Gemüse und Kräuter geerntet; die Pflaumen, Mirabellen und Renekloden reifen, gegen Monatsmitte auch die Pfirsiche und die ersten Frühäpfel. Achten Sie vor der Fahrt in den Urlaub darauf, dass eine Person Ihres Vertrauens mit nötigen Pflegearbeiten vertraut gemacht ist, die in Ihrer Abwesenheit zu erledigen sind. Die ausgesäten Herbstgemüse werden, so sie noch in einem Saatbeet stehen, in das Pflanzbeet gesetzt.

HÄLT DER HERBST SEINEN EINZUG, KOMMT DER GARTEN ZUR RUHE

September	Äpfel und Birnen reifen jetzt in Fülle, gegen Monatsende auch Weintrauben und Kiwi. Zudem können schon (zuvor gut gewässerte) Nadelgehölze umgepflanzt werden. Viele Stauden, Gräser und Kräuter können ab Monatsmitte geteilt oder umgesetzt werden. Feldsalat wird jetzt ebenfalls ausgesät.
Oktober	Mit dem Oktober werden alle Erntearbeiten weitestgehend abgeschlossen. Rosen werden zum Monatsende um ein Drittel zurückgeschnitten. Bis zum Monatswechsel sollten alle abzuräumenden Flächen geleert und alle umzugrabenden Böden fertig sein. Koniferen, immergrüne Laubgehölze wie Rhododendren werden vor dem Frosteinbruch noch einmal ausgiebig gewässert. Sommerblumen und Kübel werden abgeräumt und gegebenenfalls eingewintert, die Herbstdekorationen gepflanzt.
November	Alle Wasserleitungen im Freien sollten nun geleert und gelüftet sein, alle Frostschutzmaßnahmen wie das Abdecken empfindlicher Pflanzen abgeschlossen sein. Gartengeräte werden vor dem Einwintern gründlich abgewaschen, getrocknet und dann mit einemÖlläppchen abgerieben, damit sie keinen Rost ansetzen. Der Filter des Gartenteiches wird entleert, gereinigt und eingewintert.
Dezember	Die Arbeiten des Dezembers beschränken sich auf die Ernte des Wintergemüses wie Grünkohl, Rosenkohl, Meerrettich. Gelegentlich sollten Sie mit Kontrollrundgängen die Winterfestigkeit des Gartens überprüfen. Gemütliche Dezembertage sind bestens dafür geeignet, einmal in Ruhe in Gartenbüchern zu stöbern oder diese auf den Wunschzettel für Weihnachten zu schreiben.

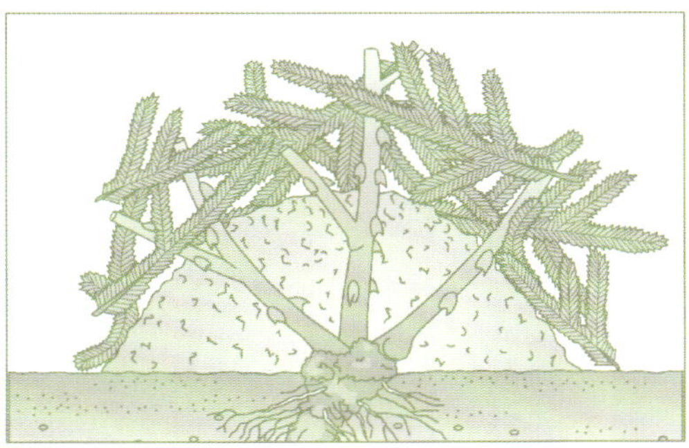

REGISTER

BILDNACHWEIS

Mit 238 Illustrationen von Wolfgang Lang, Grafenau-Döffingen
Weitere von: Shutterstock/Komleva S. 5; Shuttestock/Bodor Tivadar S. 13; Shutterstock/Komleva S.41

IMPRESSUM

Umschlaggestaltung von Claudia Eder – Konzept und Gestaltung, Pocking unter Verwendung einer Illustration von Shutterstock/Komleva auf der Umschlagvorderseite. Sowie einer Illustration von Shuttestock/Bodor Tivadar auf der Umschlagrückseite.

Mit 253 Illustrationen

Unser gesamtes Programm finden Sie unter **kosmos.de**.
Über Neuigkeiten informieren Sie regelmäßig unsere Newsletter, einfach anmelden unter **kosmos.de/newsletter**

FSC www.fsc.org MIX Papier aus verantwortungsvollen Quellen FSC® C110508
Gedruckt auf chlorfrei gebleichtem Papier

ISBN 978-3-440-16587-4
Projektleitung: Birgit Grimm
Redaktion und Bildredaktion: Christiane Theis, Birgit Grimm
Gestaltungskonzept: Olga Alves
Gestaltung und Satz: typopoint GbR, Ostfildern
Produktion: Klaus Jost
Druck und Bindung: Westermann Druck Zwickau GmbH, Zwickau
Printed in Germany / Imprimé en Allemagne